너는 하나님의 메시지란다

너는 하나님의 메시지란다 정성자

규장

추 천 사

제 오랜 친구인 정문현 장로, 정성자 권사 부부는 욥의 고난과 같은 깊은 슬픔의 터널을 굳건한 신앙으로 통과한 믿음의 용사들입니다. 그들은 장애를 가진 아들 조셉을 사랑과 믿음으로 아름답게 양육한 좋은 부모의 모델이기도 했고, 하나님께서 조셉을 그분의 나라로 먼저 부르신 일을 개인적인 아픔으로만 남기지 않고 '조스테이블'(Joe's Table)이라는 사회적 기업을 설립해 장애인들도 당당히 사회의 일원이 될 수 있는 장(場)을 마련해주었습니다.

그런 그들이 조셉의 이야기를 책으로 엮어 출판한다고 했을 때, 저는 진심으로 축복하고 격려했습니다. '상처 입은 치유자'라는 말이 있듯이, 이 부부의 고난의 흔적들이 이 땅에 신음하고 있는 또 다른 '조셉의 부모들'에게 깊은 위로와 치유를 줄 수 있으리라는 확신이 들었기 때문입니다.

이 책을 통해 우리가 이 땅을 살며 때때로 겪게 되는 도저히 이해할 수 없는 고난과 아픔들이 아름다운 보석으로 맺혀지는 놀라운 역사가 곳곳에서 일어나게 되기를 소원하며 기쁜 마음으로 이 책을 추천합니다.

극동방송 어린이합창단 미주 순회공연을 관람하며 행복하게 찬양하던 조셉의 환한 미소가 떠오릅니다. 아름다운 이 땅의 모든 '조셉들'의 얼굴에 조셉의 그 미소만큼 환한 미소가 가득하게 되기를 바랍니다.

극동방송 이사장, 김장환 목사

"하나님이 모든 것을 지으시되 때를 따라 아름답게 하셨고 또 사람들에게는 영원을 사모하는 마음을 주셨느니라"(전도서 3:11).

세상 어떤 엄마도 자기 자녀를 먼저 땅에 묻는 일은 없어야 합니다. 그것은 삶의 순리가 아닙니다. 그러나 그럼에도 그런 일이 때때로 우리 가운데 일어납니다. 만약 그런 일이 우리에게 일어난다면, 견딜 수 없는 그 슬픔을 어떻게 이겨나갈 수 있을까요? 저 자신도 한 아이의 엄마로서 차마 상상조차 할 수 없는 일임을 고백합니다.

정성자 권사의 친구이자 영적인 자매인 저는 그녀의 힘과 회복력이 정녕 어디에서 비롯되었는지 분명히 알게 되었습니다. 그것은 바로 우리의 창조주이시자 그분의 형상을 따라 조셉을 만드시고 이 세상에 보내주신 하나님에 대한 믿음이었습니다.

하나님의 은혜를 입은 조셉은 한평생 자폐증을 앓았음에도 기쁨과 헌신의 삶을 살았습니다. 그리고 정성자 권사의 용기와 깊은 믿음, 그리고 조셉을 향한 그녀의 무한한 사랑이 이 책을 탄생하게 했습니다. 이 책은 여러분에게 드리는 그녀의 선물입니다.

한 남자의 아내, 다섯 아이의 어머니, 그리고 독실한 크리스천인 그녀의 이야기가 이 책을 읽는 모든 분들의 마음에 닿을 수 있게 되기를 바랍니다. 이 책을 통하여 깊은 감동과 하나님의 은혜가 모든 분들에게 있기를 바라며 축복합니다.

캐나다 상원의원, **연아 마틴**Yonah Martin

제가 정성자 권사를 만나 친구로 교제를 나누게 된 것은 저에게 크나큰 영광입니다. 아내로서, 엄마로서, 친구로서 격려하고 품어주는 그녀의 모습을 보면 저는 그 안에 계신 예수님을 보게 됩니다. 특히나 어렵고 힘들 때조차 누구에게나 베푸는 그녀의 사랑은 하나님의 성품을 엿볼 수 있게 해주었습니다. 우리가 함께 복음을 전할 수 있는 기회가 주어졌을 때 빛나던 그녀의 강한 용기와 열정은 정말로 인상적이었습니다.

조셉의 삶은 우리에게, 그리고 이 아름다운 가족을 알고 있는 많은 이들에게 영원히 잊지 못할 아름답고 깊은 추억을 남겼습니다. 그 지울 수 없는 흔적을 담은 이 책의 이야기는 인생의 역경과 시련을 겪고 있는 많은 분들에게 위로와 힘이 될 뿐 아니라 소망과 평안을 갖게 할 것입니다.

이 책의 이야기는 광대하시고 선하심으로 충만한 우리 주님께 올려드리는 아름다운 노래와 같습니다. 그분을 찬양합니다!

전 파라과이 영부인, **마리아 글로리아 페나요 데 두아르테**Maria Gloria Penayo de Duarte

하나님의 메시지는
지금도 울리고 있습니다

이 책은 조셉과 우리 가족의 이야기인 동시에 인간을 통해 역사하시는 하나님의 현존을 증거하는 신앙고백입니다. 서른두 해의 짧은 삶을 살다 간 조셉의 이야기를 써내려가는 일은 결코 쉽지 않았습니다. 매순간 '너는 하나님의 축복이었어'를 되뇌며 영원한 나라에 있는 그 아이를 떠올리지만 지상에서 조셉이 묻혀 있는 곳은 바로 제 가슴속이기 때문입니다.

그 아이와의 힘들었거나 행복했던 수많은 기억을 떠올릴 때마다 새삼스러운 슬픔과 고통이 밀려오는 것은 피할 수 없었습니다. 그 아이가 자던 방, 그 아이가 혼신의 힘으로 써내려간 시편의 글자 하나하나, 당장이라도 인사하며 걸어 나올 것 같은 사진 속의 웃는 조셉을 볼 때면 그리움은 더 절박해져서 한동안 나 자신을 가누기 어려운 것도 사실입니다.

이 모든 지난 시간들을 회상하고 정리하는 가운데 때로는 깊은 회한에, 때로는 솟구치는 감사에 사로잡히지 않을 도리가 없었습니다. 하지만 이해할 수도 받아들일 수도 없는 그분의 계획 앞에서 한없이 비통해하며 의문을 던졌을 때 보여주신 그분의 간절한 사랑이 이 책을 쓰게 만들었습니다. 인간적 슬픔에만 잠겨 그 놀라운 사랑을 증언하지 않고 묻어두는 것은 하나님께서 원하시는 일이 아니라는 마음을 강력하게 주셨기 때문입니다.

조셉의 삶과 죽음을 통해 고통을 승리로 이끄시는 하나님께서 전하시고자 하는 메시지가 이 책에 스며들어 있기를 바랍니다. 그 메시지는 아직 끝나지 않은 현재진행형이며, 미래를 향해서도 다함이 없는 그분의 사랑처럼 한없이 열려 있을 것입니다. '한 알의 밀알이 땅에 떨어져 죽을 때 우리가 상상할 수도 없었던 풍성한 열매가 맺힌다'는 말씀이 책을 쓰면서 비로소 제게 순종의 말씀으로 다가왔습니다.

저희 가족을 향한 애끓는 기도로 일생을 보내신 시부모님과 친정 부모님의 헌신은 생각할 때마다 눈시울이 뜨겁도록 감사합니다. 모든 고통과 기쁨의 순간들을 함께한 사랑하고 존경하는 남편과 소중한 사남매 홍민, 미선, 미라, 홍식 그리고 자부 수진, 언제나 저의 든든한 울타리이자 또 다른 축복의 통로입니다. 사랑합니다.

또한 끊이지 않는 중보기도로 저와 저희 가족의 신실한 버팀목이 되어주시는 여러 사랑하는 목사님들과 이제는 피붙이보다 더 가까운 가족으로 함께 가는 베데스다 어머니회의 뜨거운 애정이 제게는 그 무엇보다 큰 힘임을 고백합니다.

더불어 약한 아이가 온전한 모습을 갖출 수 있도록 피땀 어린 수고를 마다 않으신 조셉의 선생님들께 입은 은혜는 아마 영원히 잊을 수 없을 것입니다. 저의 두서없는 회상이 아름다운 책으로 탄생할 수 있게 성심을 다해주신 도서출판 규장의 여진구 대표님과 편집부 모든 분들께도 고마움을 전합니다.

세상의 모든 고통 받는 이들과 그들의 가족들 그리고 주변 이웃들이 저의 작은 책을 통해 하나님의 숨결과 손길을 느낄 수 있다면 더 이상 바랄 것이 없을 것입니다.

2014년 6월 캐나다 밴쿠버에서

정성자

추천사

프롤로그

chapter 01 기쁨의 서곡 — 12

chapter 02 내 약한 손가락 — 28

chapter 03 새롭게 열린 눈으로 — 52

chapter 04 끝없는 광야를 지나며 — 78

chapter 05 기도해야지…! — 96

차례

chapter 06 하나님의 마스터플랜 — 118

chapter 07 화평케 하는 작은 자 — 140

chapter 08 조셉, 너는 어디로 — 156

chapter 09 받은 복을 세어보아라 — 172

chapter 10 잠깐의 이별, 영원한 소망 — 186

에필로그

chapter 01

기쁨의 서곡

1

"아들이야, 여보. 우리 첫째 아들이 태어났어."

자신을 쏙 빼닮은 아들을 보는 남편의 얼굴에는 웃음이 한가득 차 있었습니다.

"하하하. 정말 신기하다. 이 손 좀 봐봐."

너무 기쁘면 눈물이 쏟아진다는 말도 있지만 우리 두 사람은 아들을 보는 순간, 너무 기쁜 나머지 웃음을 터트리고 말았습니다. '정말 좋아서, 하염없이 신비해서'라는 말이 그야말로 딱 맞는 표현이었습니다. 얼마나 웃었는지, 산부인과 의사가 신기한 듯 우리 두 사람을 자꾸만 쳐다볼 정도였습니다.

1980년 6월 23일, 그 아이는 그렇게 기쁨의 서곡을 노래하며 우리에게로 왔습니다. 우리 가정에 가장 좋은 것으로 축복하시려는 하나님의 선물로, 주체 못할 웃음꽃을 흩뿌리며 그렇게 우리에게로 왔습니다.

이날 우리 부부는 앞으로 펼쳐질 아이의 미래를 그리느라 내내 가슴이 벅찼습니다. 사람은 항상 무언가를 기대하며 살기에, 사랑하는 아들을 만난 나는 미지의 여정을 꿈꾸며 그 길 위에 하나님의 축복만이 가득하기를 소망했습니다. 삶에는 예측할 수 없는 수많은 일들이 불청객처럼 찾아든다는 걸 알면서도 나만은 예외일 거라고 믿었으니까요.

그러나 때로는 축복이 시련과 고통의 얼굴을 하고서 찾아온다는 걸 어떻게 설명할 수 있을까요? 내 인생의 계획표에는 결코 없었던 가혹한 현실을 처음 맞닥뜨렸을 때의 충격과, 이후 그것을 보듬고 가는 과정에서의 피 흘림, 그리고 세상이 통째로 무너지는 것 같던 마지막 고통에 이르기까지…. 그 모든 것이 축복이었다고 서슴없이 말하기에는 아직 내 가슴이 미어집니다. 하지만 내 삶이 끝나는 그 순간에도 변하지 않을 영원한 진실이 있다면 그 만남은 하나님의 눈부시도록 분명한 메시지였고, 말할 수 없이 특별한 축복이었다는 것입니다.

나는 지금부터 내 인생에 찾아왔던 그 특별한 만남에 대해 이야기하려고 합니다. 세상을 다 얻은 것 같은 벅찬 기쁨으로 찾아와서는 얼마 안 가 하늘이 무너지는 것처럼 나를 흔들어놓았던 한 존재, 결국 하나님이 아니면 도저히 답이 없어 그분에게 절박하게 매달리도록 끊임없이 나를 내몰았던 한 아이와의 시간들을 여기에 풀어놓으려고 합니다.

어쩌면 당신도 어딘가에서 만나본 적 있거나, 내일이라도 길을 가다 부딪칠 수도 있을 그런 모습의 사람, 하나님의 메시지를 전해주는 지극히 연약한 자의 이야기를….

2

재미교포, 신실한 목회자 가정의 차남, 결혼할 짝을 구하러 2주일 휴가를 얻어 잠시 한국에 들른 평범한 월급쟁이 총각. 이것이 내 남편이 될 청년 정문현의 당시 신상명세였습니다.

나는 그때 졸업을 몇 달 앞둔 음대생으로 서교동 서현교회에서 예배 반주자로 섬기고 있었습니다. 스무 살 무렵에 선교사님으로부터 복음을 들은 아버지는 복음을 받아들인 후로 하루 종일 찬송을 입에 달고 사셨습니다. 교회 안에 음악인이 귀했던 1930년대부터 청년 성가대 지휘는 물론이고 각종 악기를 연주하며 노방전도에도 열심이셨습니다. "인생의 목적은 하나님을 찬양하는 데 있다"는 말씀을 자주 하셨던 아버지와 마찬가지로 어머니 역시 "성자의 손은 하나님을 찬양해야 하는 손이니 다치기라도 하면 안 되지" 하시며 내게 설거지조차 안 시키셨습니다.

그런 부모님의 영향으로 나는 다섯 살 때부터 피아노를 배웠고, 남편이 느닷없이 등장했던 그해에도 내 머릿속엔 피아노 공부에 대한 생각뿐이었습니다. 학교를 졸업하고 미국과 독일에서 석사 과정을 밟을 요량으로 제법 구체적인 계획도 세워놓고 있었지요.

"유학 가려면 결혼부터 해라. 혼자서는 절대로 안 보낸다."

이런 아버지의 엄포가 없었더라면 나는 일찌감치 외국으로 떠날 준비를 마쳤을지도 모를 일이었습니다. 그러던 어느 수요일 예배 반주를 마친 후, 어머니와 나는 담임목사님(故 박경남 목사님)으로부터 뜻밖의 말씀을 듣게 되었습니다. 중학교 1학년 때 미국으로 건너가 그곳에서 쭉 살아온 한 청년이 미국이 아닌 조국교회에서 짝을 찾고 싶어서 우리 교회에 들렀다는 말씀이셨습니다. 말하자면 목사님은 내게 중매를 놓고 계셨던 것입니다.

"성자야, 한번 만나봐라."

지금 생각하면 낯선 청년에 대한 구체적인 정보도 없이 맞선 자리에 나갔던 나도, 그런 나의 등을 슬며시 밀던 부모님도 무엇인가에 홀렸던 게 아닌가 싶습니다.

"신앙이 아주 좋은 청년이에요. 부모님도 믿음과 인품이 정말 훌륭하시고요."

아마도 부모님은 목사님의 이 말씀에 마음이 움직이셨던 것 같습니다. 일제강점기, 그리고 한국전쟁이라는 처절한 굴곡을 겪으신 두 분에게는 '신앙이 확실하다'는 것보다 더 중요한 사위의 조건은 없으셨을 테니까요.

3

"나와주셔서 감사합니다. 시간이 없으니까 음… 바로 세 가지 질문을 드릴게요."

그렇게 해서 마주 앉게 된 그는 다짜고짜 이렇게 말했습니다. 열네 살에 이민을 간 이후 일상생활에서 스페인어와 영어를 주로 썼다는 그는 한국말이 서툴렀습니다. 게다가 캘리포니아의 강한 햇빛을 그대로 받아 검게 그을린 얼굴 하며 겉으로 풍기는 분위기는 전혀 그럴 듯해 보이지 않았습니다. 하지만 경상도 사투리로 질문을 던지는 그의 표정은 더할 수 없이 진지했습니다.

"인생의 사는 목적이 뭐라고 생각합니까?"

첫 번째 질문에 나는 깜짝 놀랐습니다. 맞선 자리에서 처음 보는 사람에게 이렇게 묻는 사람이 또 있을까요? 하지만 애써 여유를 찾으며 그가 무슨 의도로 이런 질문을 던질까 생각했던 것 같습니다. 딱히 이렇다 할 끌림이 있던 건 아니었지만, 자신의 짝을 찾는 중차대한 일을 하나님의 인도하심에 맡기며 이곳까지 찾아온 교포 청년에게 차갑게 대하고 싶진 않았나 봅니다.

그러고 보니 그 질문은 바로 몇 주 전 중등부 주일학교 공과시간에 내가 학생들에게 물으며 가르쳤던 내용이기도 했습니다.

"인생의 목적이요? 그건 하나님을 영화롭게 하는 것, 또 영원토록 그분을 즐거워하는 것 아닐까요?"

성경공부 책에 나온 답 그대로를 떠올리며 대답하는 나를 두고 남편은 원하던 답을 얻은 사람마냥 흡족한 표정을 지었습니다.

"감사합니다. 그럼 제가 두 번째 질문을 드리겠습니다. 저는 원래 선교사가 되고 싶었는데, 선교사가 되지 못한 사람입니다. 그래서 드리는 질문입니다만…."

"네, 말씀하세요."

"음…, 저는 앞으로 선교사를 돕는 선교사가 되기 위해 사업을 할 거고요, 하나님께서 제게 물질의 복을 주실 거라고 믿거든요. 그러면 나는 그 물질을 하나님을 위해 쓸 건데, 거기에 대해 어떻게 생각하세요?"

이제 막 월급쟁이가 된 사람이, 게다가 대학을 졸업하느라 은행에 얼마간의 빚까지 지고 있는 사람이 앞으로 돈을 많이 벌 것이 기정사실인 양 말하는 것이 참 황당했습니다. 듣기에 따라선 맞선 자리에서 상대방에게 잘 보이기 위한 허세로 들릴 법도 했습니다. 하지만 남편의 진지한 얼굴에는 자신을 과대포장하려는 의도가 조금도 보이지 않았습니다. 오히려 앞으로 펼쳐질 일들에 대한 한 치의 흔들림 없는 믿음이랄까, 마치 부모가 자신을 위해 앞으로 이렇게 해주리라 철석같이 믿는 어린아이의 순진무구한 표정이 역력하게 깃들어 있었습니다.

"물질의 축복을 많이 받으면요? 그야 당연히 그렇게 살아야지요."

자신의 질문에 당연하다는 듯이 답하는 나의 태도가 마음에 들었던 걸까요. 남편은 미소를 지으며 잠시 나를 지긋이 바라보았습니다.

4

앞뒤 설명도 없이 던져졌던 남편의 이 질문에 담긴 의미가 무엇인지 그때는 알 길이 없었습니다. 결혼하고 나서야 나는 그 말의 앞뒤 맥락을 알게 되었습니다.

　일제 강점기, 경남 삼천포교회에서 목회하시다 신사참배를 거부했다는 이유로 심한 옥고를 치르시고 1943년도에 가마니에 싸인 채 병보석으로 나와 끝까지 믿음을 지키셨던 고(故) 정희섭 목사님이 남편의 조부이셨습니다. 그 아들이신 남편의 부친 정시우 목사님 역시 신앙의 유산을 굳건히 물려받은 분이셨습니다. 한국에서 국어 선생님으로 재직하시다 교수가 되기 위해 떠난 미국 유학길에서 목회자로 부르심을 받고 유학생 다섯 명 데리고 목양을 시작해 가난과 고난의 길을 묵묵히 걸어가신 분이 남편의 아버지였습니다.

　하지만 특이하게도 남편은 두 분처럼 하나님을 신실하게 믿기는커녕 청소년기를 보내는 내내 그분에 대한 반항심으로 가득했던 사람이었습니다. LA 전체에 한인이 3천여 명밖에 없던 그 시절에 아득하고 막막하기만 한 한인목회를 고집하는 아버지를 이해할 수 없었던 것입니다. 남들보다 공부도 많이 하셨고 마음만 먹으면 얼마든지 탄탄한 미래를 거머쥘 수 있던 아버지가 하루아침에 그 모든 걸 버리고 목회자로 사는 이유를 아들은 도저히 납득할 수 없었습니다.

　무엇보다 아들은 경제적으로 무능한 아버지를 대신해 약한 몸을 이끌고 재봉 공장에 다니며 12시간이 넘도록 일하시는 어머니가 애처로워 견딜 수가 없었습니다. 조금이라도 더 많은 수당을 받기 위해 화장실 가는 시간, 밥 먹는 시간까지 아끼며 일하시느라 세월이 갈수록 골병이 들어가는 어머니를 속수무책으로 바라만 봐야 했으니까요.

'하나님이 뭔데 우리에게 이렇게 하십니까?'

'하나님이 계시긴 계신 겁니까?'

대학생이 되기 전까지 남편의 마음속엔 이런 질문만 가득 차 있었습니다. 하나님이 계시다면 하나님을 위해 모든 걸 버리다시피 한 할아버지와 아버지에게 이토록 쓰라린 고통을 줄 순 없다고 생각했습니다. 남편에게 하나님이란 믿고 싶지 않은 분, 도저히 살아 계시다고 말할 수 없는 분, 만약 살아 계시다 해도 너무나 비합리적이고 불공평한 분이었습니다.

그러나 가난과 고통 속에서도 잠든 자식들 머리에 손을 얹고 새벽마다 눈물을 툭툭 떨어뜨리며 기도하시던 어머니의 기도가 마침내 응답이 되었던 것일까요. 합리적이고 체계적인 사고방식을 가진 덕에 수학과 컴퓨터를 전공하고, 창조론보다 진화론이 과학적이라며 진화론을 신봉했던 남편은 대학교 1학년 때 마침내 예수님을 그리스도요 구원자로 믿기에 이르렀습니다.

세계적으로 유명한 UCLA의 진화론 교수와 생명공학을 전공한 MIT의 창조론 교수가 공개적으로 설전을 펼치는 자리에 참석했다가 진화론의 허상과 창조주 하나님의 실체를 발견한 것이 결정적인 계기가 되었습니다. 하나님의 은혜의 역사라고밖에는 할 수 없는 일이었습니다.

하나님을 인정하고 싶어 하지 않던 남편이 점심시간마다 캠퍼스를 다

내가 여호와를 항상 송축함이여 내 입술로 항상 주를 찬양하리이다 시편 34:1

니며 노방전도를 시작한 것도 그때부터였습니다. 그러자 희한하게도 예수님을 믿겠노라고 응답해오는 이들이 눈에 띄게 많았나 봅니다. 그래서 남편은 아버지에게 달려가 "전 선교사가 되겠습니다. 저의 부르심이 선교사인 것 같습니다"라고 말했다고 합니다.

그러나 당연히 기뻐하며 지지해줄 줄 알았던 아버지의 대답은 전혀 뜻밖이었습니다.

"아들아, 너는 전임 선교사보다는 선교사를 도와주는 선교사가 되면 좋겠구나."

이민목회의 고달픔을 자식에게만은 넘겨주고 싶지 않았던 아버지의 마음이었을까. 목회자인 아버지는 선교사로 헌신하겠다는 둘째아들에게 선교사가 선교에 전념할 수 있도록 그들을 물질로 도와야 한단 사실을 강하게 피력하셨다고 합니다.

그때 남편은 "자녀들아 주 안에서 너희 부모에게 순종하라"(엡 6:1)는 말씀을 떠올렸다고 합니다. 그런 아버지의 조언은 아들에게 잠시 실망감을 안겨주었지만 동시에 아들이 사업가의 길을 가도록 결정짓는 확고한 이정표가 되어주었습니다.

나와의 맞선 자리에서 던진 질문들과 "선교사가 되려 했는데 선교사가 되지 못한 사람이라…"라는 말은 이런 배경 속에서 나온 얘기들이었습니다.

♮

"세 번째 질문은 뭔가요?"

남편의 지긋한 눈길과 미소를 바라보며 이번엔 내가 질문을 재촉했습니다. 세 가지 질문을 가지고 여기까지 찾아온 청년의 속내가 어느덧 궁금해졌던 것입니다.

"아, 예. 저는 형제가 다섯입니다. 그런데 다 크고 보니까 다섯도 적적합니다. 많지가 않아요. 그래서 음… 저는 결혼하면 적어도 아이를 다섯은 낳으려고 합니다. 여기에 대해 어떻게 생각하세요?"

그때는 '두 자녀 낳기 운동'을 지나 '한 아이만 낳기'를 권장할 정도로 출산억제정책이 보편적으로 공감되던 시절이었습니다. 더구나 계속 공부할 생각만 해왔지, 결혼이나 출산에 대한 생각은 조금도 해본 적이 없던 나에게는 가장 어이없고 난감한 질문이었습니다. 어쨌든 질문을 받았으니 답을 하긴 해야 했습니다.

"다섯이요? 호호호. 하나님께서 주시면 낳아야죠."

진심이 섞여 있긴 했지만 무슨 그런 질문을 하냐는 듯 반은 농담으로 대답한 나의 말을 그는 곧이곧대로 받아들이는 눈치였습니다.

길지 않았던 시간, 마치 면접이라도 하는 것 같던 세 가지 특이한 질문과 답변들. 그것이 앞으로의 내 인생을 움직이는 세 가지 중심축이 될 줄은 그때까지도 알지 못했습니다. 그래서 나는 맞선 자리를 끝내고 돌아와서 "어땠냐?"는 어머니의 물음에도 담담하고 편안하게 답했습니다.

"뭐, 그냥 싫지는 않았어요."

싫지는 않았지만 그 만남을 내 미래와 연관시켜가겠다는 말은 하지 않았습니다. 그저 생각해볼 여지가 있는 사람 정도라고만 여겼습니다. 그러나 어머니는 그런 내게 의미심장한 한마디를 분명하게 남기셨습니다.

"됐다, 싫지 않으면. 그것으로 된 거다."

6

그를 만난 다음날, 그쪽에선 우리 집으로 "결혼하길 원한다"는 뜻을 전해왔습니다. 아직 대학 졸업도 안 한 마당에 결혼이 이리 급하게 이루어질 줄 몰랐던 나는 당황스러웠습니다. 그러나 한평생 사는 동안 한 걸음 한 걸음을 기도로 떼셨던 어머니는 결혼식을 올리라 권유하셨습니다.

"성자야, 우리도 네가 그 사람과 결혼했으면 좋겠다. 그 사람과 결혼하면 너도 미국 가서 피아노 공부를 계속할 수 있지 않겠니?"

결혼하지 않으면 절대로 유학을 보내지 않겠다는 두 분의 엄포가 새삼 떠올랐습니다. 확고한 믿음으로 오직 하나님의 영광을 위해서 살겠다는 남편의 고백들도 되새김질 되었습니다.

'이만한 신앙을 가진 사람을 찾기가 힘들지도 몰라. 만약 내게 정해진 짝이 있다면 혹시 이 사람이 아닐까?'

이 생각이 얼핏 떠오르는 순간, 어머니는 마치 내 생각을 읽고 계신 양 이렇게 말씀하셨습니다.

"성자야, 엄마가 오랫동안 너의 배우자를 위해 기도했잖니? 그런데 어느 날 너를 위해 기도할 때 환상 중에 보았던 네 배우자의 얼굴이 바로 어제 만난 그 청년이더라."

자식의 앞길을 담보로 거짓을 말하는 부모는 없을 겁니다. 더구나 나의 어머니는 모두가 인정하는 기도의 어머니셨습니다. 평생을 기도한 대로 움직이시고 응답받은 것에 감사하며 사시던 어머니가 "그 청년이 네 배우자가 맞는 것 같아"라고 말씀하고 계셨습니다.

수요일에 남편을 처음 만나고 그 다음 주 목요일에 전격적으로 결혼식을 올린 데에는 그렇게 말씀하시는 어머니에 대한 신뢰가 밑바탕이 되었습니다. 만난 지 1주일 만에 급하게 결혼식을 올렸으면서도 내심 오래 전부터 준비된 결혼식처럼 마음이 편안했던 것은 내가 태어난 순간부터 나를 위해 주야로 간구하셨던 아버지, 어머니의 기도가 있었기 때문이었습니다.

7

번갯불에 콩 볶듯 속성으로 치른 결혼식 후 3, 4개월간의 수속 기간을 거쳐 바로 한국을 떠난 내게 미국에서의 새로운 생활은 어렵기만 했습니다. 언어가 통하지 않으니 집 밖으로 나가기도 힘들었고, 결혼 후 1년 동안 시어른과 함께 살았기 때문에 집 안에서의 생활도 만만치가 않았습니다. 새벽부터 밤까지 기도와 목회와 노동으로 채워지는 시부모님을 바라보는 것도 갓 결혼한 새댁에게는 부담이 아닐 수 없었습니다.

"일 다녀올 테니 오늘은 시금치 좀 무쳐놓으렴."

며느리에게 반찬 몇 가지를 부탁하고 나가시는 시어머니를 배웅한 뒤에 나는 혼자 안절부절 못하곤 했습니다. 결혼 전 부엌일이라곤 아무것도 못하던 사람이 결혼했다고 해서 나물무침을 제대로 할 리 만무했던 것입니다. 그러다보니 자잘한 실수와 시행착오들은 나의 일상을 지배하는 공기처럼 떠돌아다니곤 했습니다.

직장생활을 하면서 밤마다 경영 공부에 매진했던 남편은 얼마나 바쁜지, 가뜩이나 연애 시절도 없이 결혼부터 올린 우리 부부 사이에는 서로의 고단함을 위로하는 대화가 흐를 새가 없었습니다. 전형적인 한국 사람의 사고방식을 지닌 나와 달리, 미국에서 오래 산 남편의 미국적인 사고방식도 타국 땅에서 느끼는 나의 외로움과 이질감을 부채질했습니다.

"축하합니다. 임신입니다."

그런 상황에서 첫아이를 갖게 되자 그 기쁨과 설렘은 이루 말할 수가 없었습니다. 아무것도 없던 내 안에 새 생명이 잉태되다니요. 가슴 벅찬 설렘 속에서 아이를 위해 가만히 기도하고 있노라면 이 가문에 하나님께서 얼마나 귀한 선물을 주고 싶어 하시는지에 대한 그분의 마음이 느껴지는 것 같았습니다.

"이 아이는 하나님의 특별한 선물이 틀림없어요."

우상을 숭배하지 말라는 하나님의 계명을 지키고자 목숨도 아까워하지 않으셨던 조부모님, 부르심에 순종하여 부와 명예를 버리고 이름 없는 목회자로 섬기고 계신 부모님, 그리고 선교사를 돕는 선교사가 되고자 밤낮 없이 뛰어다니는 남편의 인생을 생각하다 보니 하나님이 이 가정에 가장 좋은 것으로 축복해주고 싶어 하신다는 마음이 들곤 했습니다.

믿음의 계보를 이을 자, 하나님의 선하심과 사랑을 나타내고 드러낼 자, 그간의 우리의 눈물을 씻어주며 위로할 자를 하나님께서 보내시리라 믿어졌습니다.

임신 기간 내내 그렇게 행복한 상상을 했기 때문이었을까요. 설렘 가득한 열 달이 지난 후 분만실에서 우리의 첫아이가 울음을 터트리는 모습을 본 순간, 나는 너무 기쁜 나머지 웃음을 주체할 수가 없었습니다.

"이 아이는 하나님의 특별한 선물이 틀림없어요."

chapter 02

내 약한 손가락

1

아이의 이름은 한국명으로 홍렬, 영어로는 조셉(Joseph)이라 지었습니다. 남편이 고국을 떠나 이민 와서 얻은 첫 열매라는 뜻이자 형제들보다 앞서 간 애굽에서 이방나라와 이스라엘의 기근까지 해결해준 성경 속 요셉 같은 인물이 되라는 뜻이었습니다.

짙은 눈썹에 서글서글한 눈매, 부드러운 입술과 천진난만한 미소를 지닌 조셉은 누구보다 사랑스러웠습니다. 그렇게 사랑스러운 아들과 눈 맞추며 웃거나, 그 아이의 조그맣고 통통한 볼에 얼굴을 부비며 안아줄 때의 뭉클한 기쁨을 나는 도무지 감당할 길이 없었습니다. 내 분신이지만 나보다 더 큰 존재, 내 속에서 났지만 마치 하늘에서 뚝 떨어진 듯 신비롭게 다가온 존재. 아이를 향한 나의 눈길은 그저 경이롭기만 했습니다.

하지만 자녀를 키운다는 건 감격과 감탄 속에서 사는 일만은 아니었습니다. 특히나 첫아이를 키운다는 건 말 설고 물 선 외국 땅에서 처음

생활하는 것보다 더 어려운 일이었습니다. 밤에 잠을 재우는 것도 어려웠고, 또래보다 부산스러워 보이는 아이에게 차분히 뭔가를 가르치는 것도 쉽지 않았습니다. 할머니, 할아버지는 그런 조섭을 보며 "제 아빠를 닮아서 그래. 애비도 어릴 때 꽤나 부산스러웠다"라고 하시며 대수롭지 않게 여기셨습니다.

초보 엄마란 미지의 길을 찾아 헤매는 사람과 같습니다. 그렇게 헤매면서도 반드시 목적지를 찾아가야만 하는 사람이 세상의 모든 엄마입니다. 당시의 내게도 그런 책임의식이 막중했습니다. 그러면서도 나란 사람은 여전히 길 찾기에 서툴러서, 육아에 대해 옆에서 이렇다고 말하면 이런 줄 알고, 저렇다고 말하면 저런 줄 알았습니다. 학교 공부처럼 일정 시간 집중해서 공부하면 일정 범위의 지식이 똑 부러지게 내 안에 들어오면 오죽이나 좋을까요. 공부에 비할 수 없이 더 많은 힘을 쓰고 노력해도 제자리걸음만 하고 있는 듯 초조하기만 한 것이 육아란 것을 그때 알았습니다.

ㄹ

조섭을 낳고 10개월쯤 지났을 무렵이었습니다. 녀석은 그간 건강하게 자라고 있었습니다. 눈 맞춤도 비교적 좋았고 발육도 왕성해서 또래보다 큰 체격 조건을 갖추고 있었지요. 그날도 나는 양육의 기쁨과 고달

품이 섞여 있는, 지극히 평범하고 정신없는 일상을 보내며 조셉을 포근히 감싸 안고 병원으로 향했습니다. 10개월 차에 접어든 아들에게 예방접종을 맞히기 위해서였습니다.

병원으로 향할 때만 해도 그날의 그 걸음이 아이의 생애를 나누는 분기점이 되리라고는 생각조차 못했습니다. 오래 전 일이라 무슨 예방접종이었는지는 확실히 기억나지 않습니다. 다만 개월 수에 따라 꼭 맞아야하는 예방접종 순차를 따라 병원으로 갔으니 첫 독감백신이거나 디프테리아 예방접종이지 않았을까 추정할 따름입니다.

사고는 아무런 예고 없이 찾아왔습니다. 나는 순서를 기다리다 조셉을 안고 의사에게 갔고, 의사는 그저 무덤덤한 표정으로 아이에게 주사를 놓았습니다.

"으앙!"

날카롭게 찌르는 주삿바늘의 따끔함에 조셉이 울음을 터트리자 나는 얼른 아이를 안고 달랬습니다.

"조셉, 아팠구나, 괜찮아. 이젠 괜찮을 거야."

그런데 그때, 옆에 있던 간호사가 뜻밖의 상황을 발견한 듯 갑자기 화들짝 놀라더니 이내 미국 의사에게 달려가 무언가를 설명하는 것이었습니다.

"What?"

놀라서 어쩔 줄 모르는 그때의 의사 표정은 수십 년이 지난 지금까지도 잊혀지지 않습니다. 의사는 너무 놀란 나머지 수 분 동안 안절부절 못하며 내 앞을 서성거렸습니다. 그러다 간호사를 데리고 한쪽 구석으로 가더니 뭔가를 속닥거렸습니다.

'왜들 그러지?'

그때까지만 해도 영어로 의사소통이 자유롭지 못했던 나는 빠르게 나누는 그들의 대화를 알아들을 수가 없었습니다. 상황이 얼마나 심각한지에 대해서도 짐작조차 못했습니다. 중간 중간 10개월, 24개월, 용량초과(over dosage)라는 영어단어만 들려올 뿐이었습니다.

그런 나의 약점을 알았기 때문이었을까요, 그들만의 소동이 가라앉자 의사는 나를 불러 짐짓 태연하게 설명하기 시작했습니다. 백신 용량을 조금 초과해서 접종했지만 별일 없을 거다, 혹 아이에게 열이 오르면 해열제를 먹여 열을 내려주면 된다는 내용이었습니다.

알고 봤더니 의사가 착각을 하고는 24개월 된 아이가 맞아야 할 백신을 10개월 된 조셉에게 투여한 것입니다. 조셉은 아무것도 모른 채, 아무런 저항도 하지 못한 채 용량 초과 백신을 맞아야 했던 것입니다.

예방접종의 부작용에 대해 나는 전혀 들은 바가 없었습니다. 뭔가 불안하고 걱정스런 마음이 들면서도 의사가 해주는 말을 믿고 집으로 돌아간 것은 그런 이유에서였습니다.

3

밤이 되자 의사의 말대로 어린 조셉은 열이 펄펄 끓었습니다. 당시만 해도 이민자들 집집마다 기응환 같은 약을 상비해둘 때라 그 약을 아이에게 먹였습니다.

"조셉, 괜찮아. 괜찮아질 거야."

나 자신을 안심시키려는 듯 조셉을 달래며 밤새 찬물 찜질을 열심히 했습니다. 하지만 다음날까지도 조셉의 열은 내리지 않았습니다. 아이를 안고 근처 다른 병원으로 가서 진료를 받으며 상황을 설명했습니다. 용량을 초과한 백신을 맞은 후 아이가 고열에 시달린다고.

얘기를 들은 의사는 문제가 심각하다는 듯 어제 다녀온 병원으로 전화를 걸었습니다. 하지만 조셉의 예방접종을 담당했던 의사와는 통화할 수 없었습니다. 어쩐 일인지 그 의사가 병원에 나오지 않았다는 것입니다.

태어난 지 10개월이면 아직 몸의 면역체계가 성숙하지 않을 때입니다. 그럴 때 안전지침을 초과하는 양의 백신을 직접 투여하는 게 얼마만큼 위험한 일인지에 대해 나는 알 도리가 없었습니다. 그러니 그저, 하루라도 빨리 조셉의 열이 내리기만 바랄 뿐이었습니다. 그렇게만 되면 모든 문제가 해결될 거라 믿었습니다.

그 다음날, 예방접종을 놔주었던 병원의 의사를 다시 찾아간 것도 조셉의 열을 속히 내리기 위한 처방전을 받고 싶어서였지, 그로 인해 발생할 제2, 제3의 또 다른 문제를 예측했기 때문이 아니었습니다.

하지만 병원을 찾았던 나는 허탕을 칠 수밖에 없었습니다. 그 의사는 벌써 병원까지 그만둔 상태였습니다.

'Why?'

의사의 사직 소식을 듣자 어떤 먹구름 같은 것이 내 안에 몰려왔습니다. 의사가 사는 곳에 찾아가서 혹시 조셉 일 때문인지 묻고 싶은 마음도 들었습니다. 하지만 의사의 갑작스런 사직과 이틀 전에 있었던 예방접종 사건이 어떤 연관성을 갖는지 알 길이 없었습니다. 용량을 초과한 백신의 투여와 조셉에게 일어나는 일의 연관성에 대한 어떤 이론적 기반도 내겐 없었습니다. 아기들이야 뭐, 예방접종 맞고 잠깐 열이 날 수도 있는 거 아니냐고 하면 달리 할 말이 없었으니까요.

무엇보다 나는 당장 조셉을 돌봐야 하는 엄마였습니다. 조셉의 기저귀를 갈아주고 젖을 먹여야 했으며, 잠을 재워주고 약을 먹여야 하는 엄마가 바로 나였습니다. 며칠 동안 조셉에게 매달리느라 더는 그 병원, 그 의사를 찾는 일에 신경 쓰지 못했습니다. 그러는 동안 조셉을 괴롭히던 열은 차츰 내려갔고, 나는 안도의 숨을 쉬며 '이제 다 나았구나'라고만 생각했습니다.

그러나 돌아보면 그때부터 조셉은 성장과 발달 속도가 눈에 띠게 더딘 아이가 되어가고 있었습니다. 당장은 몰랐지만 세월이 갈수록 그날 그 사건이 조셉에게 치명적인 뇌손상을 입혔다는 생각을 지울 수가 없었습니다.

4

"그때 일이 생긴 거 같아요. 그 일 때문에 조셉이 이렇게 된 거 같아요."

조셉을 키우다가 문득문득 그때의 일이 회한처럼 떠올라 이렇게 말하면 대부분의 사람들은, 특히 전문가들은 되레 나를 꾸짖으며 회의적인 반응을 보이곤 했습니다.

"애들이 크다 보면 열도 나고 그럴 수 있는 거지요. 열이 난다고 다 뇌손상을 입어 장애아가 된다면 세상에 장애아 아닌 애가 어디 있겠어요?"

열이면 열 모두 이런 반응을 보였음에도 불구하고, 열 달 동안 내 배속에 조셉을 품고, 조셉이 태어나던 날부터 한순간도 조셉에게서 눈길을 거둬본 적이 없는 엄마로서는 그날의 사건이 결정적인 영향을 미쳤다는 걸 부인할 수 없었습니다.

실제로 5,6년 전에 워싱턴 주 벨링햄에 있는 성요셉병원(St. Joseph Medical Center)의 한 의사에게 소개 받아 특별히 검사했던 '장애 유전요인 검사'도 이런 나의 심증을 뒷받침해주었습니다. 검사 결과 조셉의 장애는 유전적 연관성이 없는 것으로 판단되었기 때문입니다.

그리고 얼마 전에 한 엄마와 조셉에 대한 여러 이야기를 나누던 중 의미심장한 말을 듣게 되었습니다. 일부이긴 하지만 백신에 함유된 '치메로살'이라는 수은 성분이 자폐증의 원인으로 작용할 수 있다는 의사들의 보고가 있다는 내용이었습니다.

물론 나는 조셉이 맞았던 백신에 정확히 어떤 성분이 들어 있는지 알지 못합니다. 그러나 분명한 건, 예방접종의 위험성에 대한 논란이 일기도 전에 조셉이 어떤 백신을, 그것도 초과 용량의 백신을 맞았다는 것입니다. 이제 겨우 옹알이를 시작한 10개월 된 갓난아이가, 자기 의사 표현이라고는 우는 것과 웃는 것이 전부였던 그 어린 조셉이 아무런 저항도 하지 못한 채 자신의 몸으로 감당하기 어려운 화학 첨가물들을 받아들였다는 것입니다.

이후 어린 조셉에게서는 발달이 더디다는 것 외에는 별다른 증세가 나타나지 않았습니다. 그저 날이 갈수록 아이 재우기가 힘이 들고, 평소 활동할 때도 너무 산만해서 키우기가 벅차다 느끼는 것 빼고는 말입니다. 나는 그런 조셉을 보며 가족들이 영어와 한국어를 함께 써서 또래들보다 말귀를 빨리 알아듣지 못해 반응이 늦어지는 것뿐이라고만 생각했습니다.

게다가 그 즈음 우리 집엔 둘째아이 홍민이(Samuel)가 연년생으로 태어난 상태였습니다. 첫째가 태어난 지 1년 반 만에 태어난 둘째까지 돌보느라 나는 그야말로 정신없는 하루하루를 보내야 했습니다. 그래서 나는 걱정스러워 했던 예방접종 사건도 곧 잊었고, 조셉의 느린 발달에 대해서도 대수롭지 않게 여기며 지냈습니다. 이런 상황은 조셉이 미국 나이로 세 살에 접어든 이후에도 마찬가지였습니다.

한시도 가만히 있지 않고 여기저기 다니며

정리된 물건을 깨뜨리고 부수는 조셉에게서 눈을 뗐다가는

언제 어떤 일이 일어날지 알 수 없었습니다.

5

한참 까불며 산만하게 노는 조셉과 아직 갓난아이인 둘째 홍민이를 한꺼번에 돌보기가 어려웠던 나는 조셉을 반나절 동안 돌보아주는 프리스쿨에 등록시켰습니다. 그런데 하루는 그곳 선생님이 내게 이런 말을 전해왔습니다.

"조셉이 조금 이상합니다."

"네? 조셉이 이상하다고요? 뭐가요?"

멀쩡한 아이에게 이상하다는 표현을 쓰는 데 기분이 상한 나는 "영어가 서툴러서 그렇게 보이나봐요"라고 응수했습니다. 집에 와서 그 일을 생각하니 언짢은 마음이 더욱 커졌습니다.

당시만 해도 동양인들에 대한 인종차별이 노골적이었던 때라 조셉이 혹 동양인이란 이유로 차별당하는 건 아닌지에 대한 염려도 생겼습니다. 곧 조셉을 다른 프리스쿨로 옮겨 다니게 했습니다.

"조셉이 좀 이상한데요?"

어이없게도 새로 옮겨 간 프리스쿨에서도 똑같은 말이 나왔습니다.

'아니, 왜 다들 조셉에게 이상하다고 하지?'

새로 만난 선생님의 그 말에 나는 또다시 발끈한 마음이 들었습니다. 아이가 또래보다 조금 산만한 것을 가지고 아직 어린 조셉을 '이상하다'고 표현하는 게 도무지 이해되지 않았습니다.

결국 나는 한국인이 운영하는 프리스쿨을 찾아내 그곳에 조셉을 보내기로 했습니다. 당시 우리가 살던 곳에서 거리가 조금 멀었지만, 그래도 인종 차별 없는 곳으로 가면 조셉도 안정되고 '이상하다'는 이상한 말도 듣지 않으리라는 판단에서였습니다. 그래서인지 조셉의 손을 잡고 한국 교회에서 운영하는 그 프리스쿨을 찾아가는 내 마음에는 안도감마저 찾아들었습니다.

6

"어머니, 조셉이 아무래도 이상해요. 조금 문제가 있는 것 같은데 정신 과를 한번 찾아가보세요."

순간 가슴이 철렁했습니다. 한국인이 운영하는 곳이라 조셉을 편견 없이 보리라 예상했건만, 거기선 한발 더 나아가 병원에 가보라고까지 말하다니요.

'아, 정말 문제가 있는 걸까?'

같은 한국인끼리 엉뚱한 말을 함부로 할리는 없다는 생각에 즉시 병원을 수소문해서 LA에 있는 한 정신과병원을 찾아갔습니다.

"아이에게 자폐 성향이 있습니다."

1984년도 즈음이니까 약 30년 전의 일입니다. 그때만 해도 '자폐'란 단어가 일반인들에게 잘 알려지지 않았던 때였습니다. 조셉을 이리저리 진단하던 의사가 자폐라고 말했을 때, 나 역시 그게 무슨 병인가 싶었습니다.

"네? 자폐요? 그게 뭐예요?"

전반적 발달장애(Pervasive developmental disorder)라 불리는 자폐를 한마디로 설명할 수는 없는 노릇이었습니다. 그래서 의사는 자폐에 대한 의학적 정의를 짤막하게 들려주었을 것입니다.

그러나 내 머릿속엔 그 모든 얘기들이 전혀 들어오지 않았습니다. 병이라면 빨리 고쳐야 할 텐데, 그럼 고칠 수 있는 길이 무엇인지만 궁금할 따름이었습니다.

"그러면 뇌수술을 하면 되는 거 아닌가요?"

황당한 나머지 어안이 벙벙해진 나는 그렇게 물었습니다. 하지만 의사에게서 돌아오는 답은 "수술로 해결되는 병이 아닙니다"라는 말뿐이었습니다.

"수술로도 안 된다면 어떻게 해야 나을 수 있습니까?"

"지금은…, 이렇다 할 치료 방법이 없습니다."

"네? 아니 무슨 병이 치료 방법이 없습니까?"

의사의 말에 나는 더욱 기가 막혔습니다. 세상에 치료 방법이 없는 병도 있나 싶었고, 내 아들에게 왜 그런 병이 찾아왔는지 도무지 납득할 수 없었습니다. 뭐가 뭔지 하나도 모르겠다는 표정으로 멍하니 서 있는 내게 의사는 다음과 같은 말을 마지막으로 들려주었습니다.

"좋은 선생님을 찾아보십시오. 이런 아이에겐 약물이나 수술보다는 좋은 교육으로 접근하는 게 예후가 좋습니다."

7

"댁의 아이는 자폐아입니다!"

의사로부터 진단을 받고 집으로 돌아오던 날부터 내 머릿속에선 의사의 이 말만 떠돌아다녔습니다.

'조셉이 자폐아라고? 우리 아이가 평생 장애를 안고 살아야 한다고?'

생각할수록 기가 막혀 말이 안 나왔습니다. 좋은 선생님을 찾아보라는 의사의 권유를 떠올려보니 더욱 막막했습니다.

'말도 잘 안 통하는 이곳에서 특수교육을 전공한 미국인 선생님을 어떻게 찾는단 말인가.'

그렇다고 한인들 중에 마땅한 사람을 찾기란 더욱 어려울 게 뻔했습니다.

'마땅한 적임자를 찾아 교육을 한다고 해도 좋아진다는 보장이 없어. 어쩌면 아무리 열심히 가르쳐도 이 아이는 평생 놀림거리가 될지도 몰라. 스무 살이 되고 서른 살이 되어도 결혼은 꿈도 못 꾸겠지? 결혼은커녕 독립적인 생활 자체가 불가능할 수도 있어. 만약 그렇게 되면 내가 평생 이 아이만 따라다니며 돌봐야 하는데 그걸 어떻게 감당하지? 아니, 내가 죽으면 이 아인 어떻게 살아야 하지?'

아이의 미래에 대해 꼬리에 꼬리를 무는 걱정들이 내 가슴을 옥죄어왔습니다. 그러다 문득, 왜 내게 이런 일이 일어났는지에 대한 의문이 내 안에 소용돌이쳤습니다.

'왜? 무엇 때문에 우리 집안에 저 아이가 태어났을까? 왜 아무런 대책도 없고 치료 방법도 없는 아이가 내게서 태어난 걸까?'

나는 해결할 수 없는 이 문제를 들고 하나님께 달려가고 싶었습니다.

'저를 만드신 하나님, 조셉을 만드신 하나님, 당신은 창조주가 아니신가요? 왜 조셉을 이렇게 만드셔서 제게 보내셨나요?'

그간 조셉을 보며 단 한 번도 가져보지 않았던 의문들이 들어오면서부터 조셉을 바라보는 내 눈빛이 흔들리기 시작했습니다. 세상 그 어떤 보석보다 빛나 보였던 조셉의 얼굴 위로 짙은 그늘이 드리워진 듯했습니다.

나는 그 사실이 너무 아팠습니다. 내 열 손가락 중 가장 건강하고 잘생겨서 으뜸이라 치켜세우는 데 주저하지 않았던 엄지손가락이 병약하단 사실을 알게 되자 차츰 열 손가락 전체로 그 아픔이 번져나가더니 이윽고 온몸이 다 아픈 것 같았습니다. 나중엔 거동조차 힘들어 자꾸만 비틀거리게 되었습니다.

몸져누운 나는 혹시나 하는 마음으로 아픈 엄지손가락을 자꾸 만져보았습니다. 역시나 그 손가락은 정상적으로 작동되지 않았습니다. 만질수록 그 아픔도 진하게 전달되어왔습니다. 그러다보니 나는 차츰 내게 이런 아픔을 가져다준 그 아픈 손가락을 쳐다보기 싫은 마음까지 품게 되었습니다.

8

주는 나를 기르시는 목자요

나는 주님의 귀한 어린 양

푸른 풀밭 맑은 시냇물가로 나를 늘 인도하여주신다

주는 나의 좋은 목자 나는 그의 어린 양

철을 따라 꼴을 먹여주시니 내게 부족함 전혀 없어라

_ 새찬송가 570장

그즈음 친정어머니는 우리 집 정원을 하루에도 수십 번씩 돌며 찬송가를 부르셨습니다. 밤마다 쉽게 잠을 이루지 못하는 손자 조셉을 등에 업으신 채로 찬송가를 부르시던 어머니는, 딸의 몸조리를 위해 미국에 오셨다가 둘째를 연이어 낳아 키우는 딸자식이 안쓰러워 한국으로 돌아가지 못하고 계셨습니다.

그러다 조셉의 문제를 알게 되셨고, 그간 뭐든 마음먹은 대로 잘 이뤄내곤 했던 터라 좀체 좌절이란 쓴 잔을 마셔본 적 없는 딸의 급작스런 절망 앞에서 어머니는 딸 곁에 남는 것으로 그 고통을 함께 껴안으려 하셨습니다.

내 주의 보혈은 정하고 정하다

내 죄를 정케 하신 주 날 오라 하신다

내가 주께로 지금 가오니

십자가의 보혈로 날 씻어주소서

_ 새찬송가 254장

조셉을 위한 어머니의 노래는 유명하고 고상한 모차르트나 슈베르트의 자장가가 아니었습니다. 젊은이들의 취향에 맞는 현대 복음성가도, 아기들의 눈높이에 맞는 어린이 복음송도 아니었습니다. 그 옛날 전쟁의 폭격 속에서 하나님을 의지하며 고백했던 선조들의 노래, 폐허의 땅 위에서 회복을 소망하며 불렀던 오래된 찬송가가 조셉을 위한 자장가였습니다.

아직 말도 통하지 않는 아이에게, 더군다나 한국어는 더 잘 모르는 조셉에게 할머니는 그런 찬송가를 4절, 5절까지 불러주었습니다. 정원을 열 번 돌고 스무 번 돌 때까지, 그러다 조셉이 할머니 등 위에서 스르르 잠이 들 때까지 오십 곡이든 백 곡이든 낮은 목소리로 부르시는 어머니의 찬송가 소리는 숨 막히는 밤의 적막을 깨뜨리며 우리 집 정원을 감싸주었습니다.

"좋으신 하나님, 좋으신 하나님, 참 좋으신 나의 하나님."

진심을 담아 부르시는 어머니의 이 찬양이 들려올 때면 나는 이따금씩 눈물을 주르륵 쏟곤 했습니다. 감동해서라거나 은혜 받아서가 아니었습니다. 이해할 수 없는 상황에 대한 눈물, 혹은 허망함에 대한 눈물이라 해야 맞을 것입니다.

나는 도저히 '좋으신 하나님'을 노래할 수 없었습니다. 내 하루의 일상을 아무리 돌아보고 살펴보아도 "좋다" 할 수 있는 감탄이나 감동의 흔적은 어디서도 찾아볼 수 없었으니까요. 청년 시절 수백 번도 더 피아노를 치며 노래했던 '좋으신 하나님'과 나는 그렇게 점점 멀어지고 있었습니다.

그런데도 어머니는 여전히 "좋으신 하나님, 좋으신 하나님, 참 좋으신 나의 하나님"이라고 노래하고 계셨습니다. 어머닌 도대체 뭐가 그리 좋으셔서 그 찬양을 어린 조셉에게 들려주고 계셨을까요.

9

전쟁 같은 하루하루였습니다. 조셉이 자폐아라는 진단을 받은 이후부터 조셉의 자폐아적 증상은 부모인 내가 알아볼 수 있을 정도로 뚜렷하게 나타났습니다. 길을 가다 아무 아이나 때리기 일쑤였고, 밥 먹는 것, 대소변 가리는 일도 이루 말할 수 없이 힘들었습니다. 조셉을 데리고 놀이터에 나갈 수도, 음식점에 갈 수도 없었습니다.

우리 아이에게 이러저러한 어려움이 있다는 말은 어느 누구에게도 하지 못했습니다. 어떻게 말해야 할지, 그런 말을 하면 공감을 해줄지에 대한 자신도 없었고, 당시의 내겐 딱히 그런 말을 나눌 만한 이웃도 친구도 없었습니다. 점점 조셉을 방 안에 숨긴 채 사는 날들이 늘어만 갔습니다.

그렇다고 집 안에서 마음 편히 있던 것도 아니었습니다. 한시도 가만히 있지 않고 여기저기 다니며 정리된 물건을 깨뜨리고 부수는 조섭에게서 눈을 뗐다가는 언제 어떤 일이 일어날지 알 수 없었습니다.

무엇보다 낮이고 밤이고 잠을 재우는 일이 항상 문제였습니다. 서너 살인 조섭과 이제 막 두 살 된 홍민이를 함께 재우려면 낮엔 무조건 차에 태워야 했습니다. 웬일인지 조섭은 차 타는 걸 좋아해서 차 안에 있는 동안만큼은 창 밖 경치를 바라보며 차분히 있었습니다. 이 사실을 알고 난 뒤부터 조섭과 홍민이를 태워 어디든 돌아다니는 것이 나의 일과가 되어버렸습니다.

두 아이를 태우고 교외로 나가 빙빙 돌다가 지쳐 잠든 조섭을 보면 그제야 집으로 돌아와 방 안에 눕혔습니다. 그 과정에서 조섭이나 홍민이가 잠에서 깨버리면 산통이 깨져버린 당혹스러움에 혼자 눈물을 흘리며 다시 두 아이를 차에 태운 채 어딘가로 달리곤 했습니다. 그때 운전을 얼마나 많이 했던지, 나중에 주행거리를 봤더니 보통 사람들이 4년 동안 달리는 거리를 나는 거의 1년 만에 달려냈습니다.

그러다 보니 밤 9시, 10시가 되면 나는 완전히 녹초인 상태로 남편의 퇴근을 맞이하곤 했습니다. 직장생활을 하면서 MBA 과정을 공부하던 남편의 귀가 시간은 언제나 나의 하루 일과가 끝나가는 밤 10시경이었습니다.

지금 생각하면 그토록 힘든 과정 중에도 하나님 앞에 둔 인생의 목적을 향해 묵묵히 전진했던 남편의 우직함이 존경스럽지만, 그때는 사업과 공부에만 몰두해 있는 남편이 원망스러웠습니다. 혼자라는 외로움에 단단히 한 몫 더해주는 사람이었으니까요.

고통을 나눌 수 있는 친구도 없고, 나를 위로해주는 이도 하나 없는 상태에서 나는 그렇게 아침부터 밤까지 홀로 전쟁 같은 시간을 살아내야 했습니다.

'휴, 오늘도 끝났구나….'

12시가 넘어 잠자리에 들 때면 이런 안도의 한숨만이 내 침실을 채웠고, 아침에 눈을 뜨면 '오늘은 또 어떻게 하루를 보내지?' 하는 막막함의 탄식이 저절로 나오곤 했습니다. 하루가 어떻게 지나가는지도 모르게 보내는 중에도 나는 하루빨리 세월이 가기만을 바라고 또 바랐습니다. 하루라도 빨리 나이 들어 늙으면 이 폭풍 같은 삶의 고통이 마무리될 수 있으리라 생각했던 것입니다.

그때 나는 동굴 속에서 혼자 살고 있었습니다. 남편도 우리 가족을 위해 함께 뛰고 있었고, 친정어머니도 종일 나를 도와주셨지만 혼자라는 외로움과 고독감을 떨칠 수가 없었습니다. 하나님이 내 곁에 계시다는 말도 믿어지지 않았습니다. 날이 갈수록 내 몸과 마음은 꼬챙이처럼 여위어갔습니다.

10

혼자서 아득한 거리를 질주하는 것 같은 날들이 얼마나 지속되었을까요. 하나님께서는 그런 나를 계속 내버려둘 수 없으셨는지 한 천사를 보내주셨습니다.

그날, 시아버지가 목회하시는 윌서 한인 장로교회에 한 여 전도사님이 오셔서 설교를 하셨습니다. 그런데 그 전도사님은 예언의 은사가 있는 분이라고 했습니다.

'예언의 은사? 무슨 점쟁이도 아니고, 하나님 믿는 사람에게 왜 예언이 필요하지?'

예언의 은사도 방언의 은사처럼 하나님의 선물로 주어진다는 점, 그리고 그 은사는 미래에 있을 일을 점괘로 알아맞히는 것이 아니라, 하나님의 말씀으로 성도를 위로하고 권면하는 은사임을 알게 된 건 그보다 시간이 더 많이 지났을 때였습니다.

그 당시는 예언이든 뭐든 간에 하나님께서 하시는 일들에 대한 믿음 자체가 사라지고 있었습니다. 하루하루 살아야 하니까 사는 것일 뿐, 하나님께 뭔가를 간구하려는 믿음, 간구하면 이루어진다는 믿음도 이미 희미해진 상태였습니다. 믿음을 가진다는 건 하나님과 함께 살아간다는 것인데, 당시 나는 아무도 없이 나 홀로 살아가고 있다는 생각만이 가득했습니다.

그런 내게 시어머니는 전도사님에게 저녁 식사를 대접해야 하니 집으로 모시라고 하셨습니다. 시부모님을 모시고 함께한 식사가 끝난 후 갑자기 그 전도사님이 내게 말했습니다.

"기도를 해드리고 싶은데 어떠세요?"

나에 대한 어떤 얘기도 구체적으로 나눈 바 없는 상태에서 그 분은 갑작스레 기도해주고 싶다는 얘기를 하셨습니다.

"네, 그러세요."

뭔가를 하고 싶은 능동적인 의욕이 전혀 없던 나는 아무런 기대감 없이 그 분의 제안에 수동적으로 응하며 2층으로 올라갔습니다. 그저 어릴 때부터 교회의 어르신들이 나를 붙잡고 기도해주셨던 그런 일반적인 기도를 해주실 거라 예상하면서 말입니다.

그런데 나와 단 둘이 2층에 앉아 기도의 입을 떼기 시작한 전도사님에게서는 지금까지 내가 생각했던 기도와는 전혀 다른 차원의 기도가 나오고 있었습니다. 나의 소원을 하나님께 아뢰는 기도가 아니라 내게 주시는 하나님의 음성을 그 분이 대신 전달해주는 그런 기도였습니다.

"집사님, 혼자가 아닙니다. 하나님께서 집사님이 당하는 시련과 고통을 다 보고 계시고, 이 시련은 하나님의 계획 안에 있는 것입니다."

기도는 이렇게 시작되었습니다. 누구에게도 말하지 않았지만 내 안에 가득했던 '혼자'라는 생각을 그 전도사님이 건드리고 있었습니다. 전혀 예상하지 못했던 기도의 첫 마디를 듣자마자 나도 모르게 가슴속에 응어리졌던 눈물이 쏟아지기 시작했습니다.

그 전도사님은 마치 내 일상을 다 보고 계신 듯 아들의 장애로 인해 벌어진 가족 관계 속에서의 갈등과 엄마로서, 며느리로서, 아내로서 겪는 나만의 아픔까지 하나하나 짚어주고 계셨습니다. 그리고 무엇보다 하나님께서 그 모든 일들을 다 아신다는 것과 나를 아시는 하나님이 나를 이해하시며 나를 돕기 원하시는 아버지이심을 기도 속에서 말해주고 계셨습니다.

이 사실을 알려주고 싶어서 하나님께선 그 누구도 모르는 내 삶의 은밀한 구석구석을 전도사님의 입을 통해 진단하고 계셨습니다.

'네가 이렇게 살고 있는 거, 네가 이런 마음의 상처를 안고 있는 거, 내가 다 안다, 내가 너를 다 이해한다….'

단지 하나님께서 나를 아신다고 한 것뿐인데 나는 꽉 막혔던 담이 허물어지고 길이 확 트인 것처럼 끝없는 밀려오는 평안에 가슴이 벅찼습니다. 그 평안이 너무 벅차서 눈물이 하염없이 흘러내렸습니다. 소리 내어 울고 또 울었습니다. 하나님은 나를 떠나지 않으시는 분, 내 짐을 대신 지고 계신 분이셨습니다.

'좋으신 하나님, 좋으신 하나님, 참 좋으신 나의 하나님. 고맙습니다, 고맙습니다.'

그날 그 기도의 자리에서 나는 작은 기적을 체험하고 있었습니다. 조셉의 병을 알게 된 후부터 갖게 된 내 마음의 병이, 막혔던 내 마음의 장벽이 눈물로 무너져 내리는 기적이었습니다. 하나님이 저 멀리 계신 분이 아니라 오늘, 여기에서 날마다 나와 함께 사시는 분임을 그날 나는 생애 처음으로 알게 되었습니다.

그 기적을 체험하고 하나님께 감사의 눈물을 흘리고 있는데 기도하는 전도사님의 입에선 계속된 축복의 약속이 쏟아졌습니다. '이것은 하나님께서 허락하신 연단이니 인내하며 견디고 나가면, 지금 네 눈앞에 끝없이 펼쳐진 들판에 노란 꽃들이 피어 있는 것처럼 하나님의 축복이 끝없이 임할 것'이라는 약속이었습니다.

하나님께선 무너지고 있는 나를 위해 한 천사를 급히 보내셨던 게 틀림없습니다. 나를 다 아시고 나를 돌보신다는 하나님의 위로를 전해주신 그 전도사님의 방문 이후 나는 다시 아픈 손가락을 보듬으며 피아노 건반을 두드릴 수 있게 되었습니다. 나를 도우시는 하나님, 내 곁에 계신 그 하나님을 내 입을 열어 찬양할 수 있었습니다. 사라져버릴 것 같던 나의 믿음이 그날 이후에야 비로소 희미하게나마 다시 타오르기 시작했습니다.

THE LORD is my shepherd:
I shall not want.

여호와는 나의 목자시니 내게 부족함이 없으리로다 시편 23:1

chapter 03

새롭게 열린 눈으로

1

폭풍 같은 유아기 시절이 지나 초등학교에 입학할 나이가 되었지만 조섭에게선 성장의 징표가 뚜렷이 보이지 않았습니다. 특히나 아이들이 자란다는 증거인 언어 발달이 현저히 더디게 나타났습니다. 아이의 혼란을 없애기 위해 한국어 대신 영어로만 대화를 시도했습니다. 자폐에 대한 연구가 좀 더 활발해진 지금에 이르러서야 자폐 아이들도 몇 개의 언어로 대화하는 게 가능하다는 연구 결과가 나왔지만, 당시로서는 하나의 언어로만 접근하는 게 아이의 혼란을 막는 길이라는 데 이견이 없었습니다.

그러나 아무리 영어로 대화를 시도해도 조섭과의 소통은 어려웠습니다. 이름을 불러도 대답이 없고, 자신이 원하는 바를 언어로 표현할 줄도 몰랐습니다. 행동도 어디로 튈지 알 수 없어서 어쩌다 한번씩 이웃집에 놀러가도 맘 편히 있을 수가 없었습니다.

화장실 변기에도 이물질을 자꾸 집어넣으니 하루가 멀다 하고 변기가 막히기 일쑤였습니다. 사람을 불러 고치는 일들을 수없이 반복하다가 나중에는 아예 전문가용 변기 뚫는 기계를 집에 비치해놓았습니다. 하루 일과처럼 변기를 뚫다 보니 나중에는 내가 그 분야의 반전문가 수준까지 도달하기도 했습니다.

'조셉은 과연 크고 있는 것일까?'

문제행동을 반복하면서도 때론 천연덕스럽게 밥을 먹는 조셉을 보고 있으면 문득 이런 생각이 들 때가 있었습니다.

'하나님, 이 아이를 통해 우리를 단련하시고 우리의 사명을 이뤄 가시려는 하나님의 뜻은 알겠습니다. 그러나 우리는 그렇다 쳐도 저 아이의 삶은 뭔가요? 저 아이가 저렇게만 사는 건 아이에게 너무 가혹한 거 아닌가요?'

나는 이 질문에 대한 답을 못 찾고 있었습니다.

'아득한 미로 속에서 혼돈과 무질서의 언어를 갖고 사는 듯한 조셉. 하나님께선 과연 이 아이만을 위한 특별한 계획이나 뜻을 갖고 계시긴 한 걸까?'

희뿌연 안개처럼 걷힐 줄 모르는 이런 의문 때문에 조셉을 바라보는 내 눈에는 수심이 가득했습니다. 조셉에게 좋다는 건강식품이나 각종 영양제들도 수소문해서 먹여봤지만, 그 어떤 것도 조셉의 변화를 이끌어내는 것 같지 않아 보였습니다.

그래도 학교는 보내야 했습니다. 아니, 그래서 더욱 학교에 보내야 했습니다. 의사의 말대로 이런 아이에게는 좋은 교육만이 좋은 예후를 가져올지도 모르기 때문이었습니다.

그럴 즈음, 집에서는 좀 멀었지만 LA 근교에 있는 한 공립학교 특수교육반에 자폐아를 위한 특수교육 전문가인 마샤 테이트(Marsha Tate) 선생님이 계시다는 소식이 들려왔습니다.

미국 아이들 사이에서 동양인인 조셉이 차별을 받진 않을까 염려가 되기도 했지만, 선생님을 찾아가 만나보니 아이들 교육에 대해 갖고 계신 긍정적 마인드와 뚜렷한 교육적 신념과 주관에 이런저런 걱정을 내려놓을 수 있었습니다. 선생님은 이 아이들도 잘 가르치기만 한다면 교육적 효과가 얼마든지 나타날 수 있다고 말씀하셨습니다.

"알파벳 테스트를 해볼게요."

선생님이 단어를 부르면 그 단어를 그대로 받아 적는 알파벳 테스트를 한다는 말에 나는 깜짝 놀랐습니다. '그게 가능해? 말도 안 돼'라는 생각부터 들었습니다.

"불가능하다고 생각하세요? 처음엔 엄마들이 다 그렇게 말합니다. 그러나 두고 보세요. 조셉은 글을 쓸 수 있게 되고 책도 읽을 수 있으며 덧셈, 뺄셈, 곱셈, 나눗셈까지 하게 될 거예요."

믿기지가 않았습니다. 기본적인 의사소통도 어려운 조셉이 글을 쓰고, 책을 읽으며, 셈을 할 수 있다니…. 그때까지만 해도 나는 6년 후의 조셉에게 얼마나 많은 변화가 찾아올는지 전혀 예측하지 못했습니다.

학교에 들어가 테이트 선생님의 지도를 받으면서

조섭은 남다른 능력을 발휘하기 시작했습니다.

ㄹ

학교에 들어가 테이트 선생님의 지도를 받으면서 조셉은 남다른 능력을 발휘하기 시작했습니다. 그 첫 번째가 조셉의 뛰어난 기억력이었습니다. 영어단어를 배우면서 주말마다 하게 된 스펠링 테스트에서 조셉은 언제나 만점을 받았습니다. 단어와 글에 대한 흥미도 높아서 어디를 가나 늘 〈Word search puzzle〉(단어 찾는 게임) 책을 갖고 다니며 하루에 한 장씩 게임을 하곤 했습니다. 입으로 소리 내어 전달하는 음성언어에 약할지라도, 글로 보고 쓰는 문자언어에는 남다른 흥미와 관심을 나타낼 수 있다는 걸 조셉은 보여주고 있었습니다.

더욱이 조셉의 글씨체는 매우 아름다웠습니다. 테이트 선생님으로부터 직접 배워서 한 자 한 자 정성껏 쓰는 조셉의 영어 필기체는 누가 봐도 감탄을 자아내게 했습니다. 테이트 선생님과의 만남으로 발견된 조셉의 작은 능력들은 조셉도 무언가를 할 수 있는 아이임을 알려주는 신호탄이었습니다. 그러나 희망의 싹을 틔워준 조셉의 학교생활은 동시에 절망의 불씨도 타오르게 했습니다.

초등학교를 졸업하고 중학교에 들어갔을 때의 일입니다. 중학교에 들어가 보니 누가 선생이고 누가 학생인지 모를 정도로 큰 아이들이 많아서 초등학교 때와는 달리 위협적인 분위기가 감돌았습니다. 그런 분위기를 감지하지 못했던 조셉은 그날따라 혼자 화장실에 갔다가 누군가 휘두른 주먹에 맞아 피를 철철 흘리며 쓰러졌습니다. 그렇게 화장실에 혼자 쓰러져 있는 조셉을 어느 학생이 발견해서 선생님께 알렸고, 곧바로 병원으로 후송되어 머리 뒤통수 부분을 12바늘이나 꿰매는 응급조치를 받았습니다.

학교로부터 이 소식을 듣고 달려간 나는 너무나 황망해서 조셉에게 다그쳐 물었습니다.

"누가 그랬어, 조셉? 누가 널 이렇게 했어?"

아무리 물어도 조셉은 말할 줄 몰랐습니다. 어처구니가 없었습니다. 이런 물음에도 대답할 줄 모르는 조셉이라면 화장실에서 맞을 때조차 "하지 말라"는 저항의 말 한 마디 못했을 게 뻔했습니다.

가슴이 찢어지는 듯했습니다. 선생님은 궁여지책으로 학교에서 제일 말썽 피우는 아이들 몇을 세워놓고 조셉에게 물었습니다.

"이중에 너를 때린 아이가 누구니? 그 아이를 가리켜보렴."

그러나 조셉은 말하지 못했습니다. 손으로 가리킬 줄도 몰랐습니다. 지금 이 상황이 얼마나 심각한지에 대한 눈치마저 없어 보였습니다. 오히려 다른 곳으로 시선을 돌리며 딴전을 피울 뿐이었습니다.

나중에 조사 끝에 알게 된 일이지만, 학교 안의 갱 멤버가 되기 위해선 누군가를 때려눕혀야 한다는 그들만의 원칙에 따라, 갱 멤버가 되려는 학생 한 명이 조셉을 미리 지목하고는 아무도 없는 화장실에서 때려눕힌 것이었습니다.

이런 일들까지 겪게 되자 조셉에 대한 고민은 더욱 커져갔습니다. 자신을 때린 사람이 누구인지조차 알지 못하는 조셉이 어떻게 이 험한 세상에서 자신을 지키며 살아갈 수 있을지 막막했습니다. 아무리 기도해도 가만히 보고만 계시는 듯한 하나님의 침묵에 대한 답답함과, 아들을 위해 아무것도 할 수 없는 부모로서의 안타까움에 치가 떨리는 날들이 내겐 계속되고 있었습니다.

3

'하나님이 과연 우리를 사랑하실까? 하나님이 우리를 사랑하신다면 왜 조셉에게 이런 일이 일어났을까? 조셉의 장애가 그때 예방접종 때문에 생긴 거라면, 왜 하나님은 그 사건을 우리에게 허락하셨을까? 도대체 왜? 무엇 때문에?'

조셉의 장애를 알고 난 후 하나님에 대한 의문과 삶의 고통이 더해지면서 나는 비바람 앞에 맥 못 추는 나무처럼 자꾸만 흔들렸습니다. 그러면서도 한편으론 주일학교 때부터 들어왔던 하나님의 말씀이 내 기억 속에 되살아나면서 내게 실낱같은 믿음을 안겨주고 있었습니다.

'하나님은 사랑이시고 선하신 분, 약한 자를 들어 강하게 사용하시는 분이야. 그렇기 때문에 조셉을 향해서도 하나님의 특별한 뜻이 반드시 있을 거야. 하나님께선 조셉을 결코 놀림거리로만 두지 않으실 거야.'

이 믿음을 붙잡고 주일예배 피아노 반주자로 섬기며 찬송을 하다 보면, 잠시 현실의 무게에서 벗어나 구름 위를 걷는 듯 가벼워진 나를 발견하곤 했습니다. 메마른 땅을 종일 걸어가도 피곤치 않게 하시는 하나님, 저 위험한 곳에 이를 때에도 큰 바위 뒤로 숨겨주시는 하나님을 찬송하면서 단 몇 초간이나마 내 몸과 영혼도 그 곡조 속에 들어가 사는 것 같았습니다.

물론 그 가벼운 걸음은 오래가지 않았습니다. 예배가 끝나면 나는 곧바로 흙먼지 날리는 땅을 비틀거리며 무겁게 걷는 나 자신을 발견해야 했습니다. 하지만 짧은 순간이나마 피곤하지도, 두렵지도 않은 걸음을 내딛는 것은 사막 위를 걷다가 샘을 발견해 목을 축이는 것과 같았습니다. 고난 중에라도 차마 열리지 않는 입술을 열어서 하나님을 찬양하면 꺼질 듯 사그라지던 우리 영혼이 힘을 얻어 다시금 회복할 수 있게 된다는 걸 나는 그때 경험하고 있었습니다.

그래서였을 겁니다. 사업과 공부로 바쁘기만 했던 남편도 내가 찬양을 위한 피아노 반주자의 길만큼은 계속해서 갈 수 있도록 돕고 싶어 했습니다. 그래서 그 바쁜 중에도 내가 피아노 반주자로 섬기는 주일예배 시간과 성가대 연습 시간에는 시간을 내어 아이들을 돌보아주었습니다. 한시도 조셉에게서 눈을 떼지 못하는 나를 위해 남편은 아예 캠핑카를 사서 주일마다 교회 주차장에 세워놓고는 그곳에서 조셉을 돌봐주는 특수 선생님과 함께 다섯 아이들을 돌보곤 했습니다.

조셉과 둘째 홍민이뿐 아니라 미선이(Hannah), 미라(Esther), 홍식이

(Christian)를 낳고 돌보는 오랜 세월 동안에도 남편은 내가 피아노 공부만큼은 포기하지 않기를 바라는 눈치였습니다. 그 덕분에 매일 매일이 전쟁 같았던 그 수년의 세월 속에서도 나는 피아노만큼은 포기하지 않을 수 있었습니다. 내 인생이 어떤 방향으로 흘러가야 할지 모른 채 비틀거리고 있을 때 하나님께서는 그렇게 내 열 손가락을 펼쳐 찬송가를 연주하도록 내 등을 떠밀고 계셨습니다. 아프면 아픈 대로, 힘들면 힘든 대로 내 열 손가락이 피아노 위를 춤추며 하나님을 찬양하도록 그분은 그렇게 나를 인도하고 계셨습니다.

4

조셉을 낳은 후로 내가 줄곧 조셉의 양육에 매달려 있는 동안 남편의 사업은 날로 확장되어갔습니다. 선교사를 돕는 선교사로 살겠노라고 헌신했던 남편의 믿음 그대로 말입니다. 그리고 우리 가족은 말리부 해변 근처의 전망 좋은 집을 얻어 이사를 했습니다.

새로 이사한 집의 주변 풍경은 정말 아름다웠습니다. 어느새 다섯으로 늘어난 우리 아이들에게도, 또 조셉에게도 더 좋은 환경이 되어주었습니다. 그러나 그때에도 나는 진심으로 "좋다, 아름답다"는 탄성을 내뱉어본 적이 없었습니다. 다섯 아이를 낳고 기르는 과정의 힘겨움과 언제 어떻게 돌발행동을 할지 모르는 조셉에 대한 걱정이 내 가슴을 가득

채우고 있었기 때문입니다.

남편의 사업이 확장되는 만큼 집에선 크고 작은 모임들이 자주 열렸습니다. 게다가 해변가에 위치한 우리 집은 평소 남편과 친분 있는 사람들에게 알려져서 모금 파티나 결혼식, 영화 촬영 등을 위한 장소로 제공되기도 했습니다.

그런 모임이나 교제가 이루어질 때마다 나는 조셉을 신경 쓰지 않을 수 없었습니다. 모임에 누가 되진 않을까 싶은 불안, 누구도 이 아이를 있는 그대로 받아주지 않을 것 같은 염려 때문에 마음 놓고 아이를 공개하지 못했습니다. 부부 동반으로 꼭 참석해야 하는 중요한 모임에 나갈 때도 늘 아이들을 돌봐주는 사람에게 조셉을 잠깐씩 맡겨놓고 참석했고, 그렇게라도 할 수 없을 만큼 조셉의 상태가 안 좋은 날에는 나도 아예 조셉과 함께 집안에 꼭꼭 숨어 있는 쪽을 택했을 만큼, 조셉을 데리고 함께 외출한다는 생각 자체를 하지 못했습니다.

한국에서 미8군 사령관을 지내기도 했고 우리와 오랫동안 친분이 두터웠던 킹 커프만(King Coffman) 사령관의 재혼식이 있었던 그날까지도 나는 그렇게 살고 있었습니다.

♮

그날, 나는 귀빈들이 많이 참석한 이 자리를 위해 장소를 제공한 안주인으로서 신경 써야 할 일들이 꽤 많았습니다. 바삐 움직이며 결혼식에 차질이 없도록 애를 썼습니다. 그렇게 정신없는 와중에도 내 신경은 학교에서 특수반 아이들을 위해 개최한 여름캠프에 참석 중인 아홉 살 조셉에게로 향해 있었습니다.

워낙 물놀이를 좋아했던 조셉은 수영하는 법을 터득한 후부터는 집 정원 한쪽에 있는 수영장을 떠날 줄 모르고 물장구치는 데 열중했습니다. 그런 조셉이 드넓은 바다에서 수영하며 행복해 할 표정을 떠올리니 절로 미소가 지어졌습니다.

'지금쯤 여름캠프 중인 조셉은 신났겠구나.'

이런 생각을 하며 조셉에 대한 걱정을 접으려 할 무렵, 갑자기 나를 찾는 다급한 목소리의 전화가 걸려왔습니다. 산타모니카 병원이었습니다.

"무슨 일이시죠?"

"조셉이란 아이가 물에 빠졌어요!"

무슨 말을 하는 건지 얼른 이해가 가지 않았습니다. 수영을 그렇게 잘하는 조셉이 물에 빠져서 어떻게 되었다는 건지 몰랐습니다.

"네? 조셉이 왜요? 조셉이 왜 물에 빠져요?"

"바다에서 정신을 잃고 떠내려가는 조셉을 윈드서퍼(windsurfer)들이 발견해서 물 밖으로 데리고 나왔어요. 지금 조셉은 병원에 있고요."

아, 하나님! 여기까지 얘기를 들으니 눈앞이 아득해졌습니다. 윈드서핑을 하는 사람들이 조셉을 건졌다면 뭍에서 한참 떨어진 곳까지 떠내려갔다는 뜻이었습니다.

"죽… 죽었나요, 살았나요?"

"…."

나도 모르게 튀어나온 이 질문에 병원에선 아무 대답도 해주지 않았습니다. 그 침묵이 나를 더 두렵게 했습니다.

"운전하고 오실 수 있으세요? 부디 조심해서 운전하고 오세요."

잠시 뜸을 들인 병원 측에선 그 말만을 내게 남겨줬습니다.

6

"조셉이, 조셉이 물에 빠졌어."

나는 전화기를 떨어뜨린 채 혼잣말을 중얼거리며 차가 있는 곳으로 냅다 뛰기 시작했습니다.

'조셉이, 조셉이 물에 빠지다니, 내 아들 조셉이 병원에 있다니. 조셉! 조셉! 죽으면 안 돼! 조셉!'

자식의 사고 소식에 엄마인 나는 결혼 예식을 돕고 있었다는 사실도 까맣게 잊은 채 실성한 여자처럼 되어버렸습니다. 나중에 이야기를 들으니, 하객들은 나의 넋 나간 모습에 사태를 파악하고는 모두들 그 자리에서 조셉을 위해 기도했다고 합니다.

차에 올라타 시동을 켜자마자 나는 즉시 병원으로 향했습니다.

"조섭, 조섭, 내 아들 조섭, 죽으면 안 돼, 죽으면 안 돼."

무슨 주문처럼 이 말을 되풀이하며 운전하고 있자니 내 머릿속으로 조섭의 생애가 영화필름처럼 촤르르 펼쳐지기 시작했습니다. 우리에게 기쁨의 서곡을 들려주며 찾아온 조섭, 그러나 얼마 안 있어 사람들의 가시 같은 눈길에 찔림 받으며 고통스럽게 살아온 조섭의 모습이 아프게, 너무도 아프게 내 앞에 보였습니다.

"아, 주님. 저는 죄인입니다…."

조섭의 짧은 일생이 영상처럼 펼쳐지면서 나는 신음소리 같은 탄식을 내며 나의 죄인 됨을 고백하지 않을 수 없었습니다.

"아버지 하나님, 저는 죄인 중의 죄인입니다. 제 속에 선한 것이 하나도 없습니다. 저는 조섭을 보내주신 하나님을 내내 원망했습니다. 조섭을 보며 하나님의 완전하신 사랑을 읽을 줄도 몰랐습니다. 그래서 조섭을 사랑하는 법도 모르는 어미였습니다. 사랑한다 말하면서도 마음으로 수백 번도 더 성을 냈으며, 심지어 조섭의 생명까지도 내 맘대로 해하려 했던 죄 많고 못난 어미였습니다."

나는 그 순간, 조섭이 자폐 진단을 받은지 얼마 안 되었을 때 병원에 갔다가 병원의 고층에서 아래를 내려다보며 조섭과 함께 뛰어내릴까 생각했던 일을 떠올렸습니다.

비록 순간이었지만 내가 뭐라고 조섭의 생명을 내 맘대로 처분할 수 있다고 생각했던 것일까요. 조섭을 지으시고 조섭의 생명을 주관하시는 하나님 앞에서 나는 죄인인 채로 용서를 구하며 주의 이름을 부를 수밖에 없었습니다.

"하나님, 저는 살아 있는 아이를 죽은 아이처럼 여기며 살았습니다. 밖에 나가 뛰놀고 싶은 아이를 방 안에 꼭꼭 숨겨둔 채 살았습니다. 하나님이 사랑하셔서 이 땅에 보내신 이 아이의 가치를 알아보는 눈도 없었습니다. 조셉을 그저 동생들을 괴롭히고 여러 사람 힘들게 하는 아이로만 여겼습니다. '너는 살아서 뭐할까, 아무 데도 쓸모없는 조셉.' 이렇게 마음으로 말하며 살았습니다. 이토록 무례하고 어리석은 저를 하나님은 품으시고 덮어주셨는데, 저는 조셉을 받아들일 줄 몰랐습니다. 하나님, 저는 죄인입니다. 저는 더러운 죄인입니다."

비 오듯 쏟아지는 눈물을 흘리며 죄를 고백하고 있자니 죄의 짐에 눌려 죽을 것만 같았습니다. 조셉에게로 달려가는 차 안에서 나는 그렇게 내 죄악의 심각함과 그 죄로 인해 죽을 수밖에 없는 나의 현실, 내 힘으로는 도저히 벗어날 수 없는 내 죄의 무게를 깨닫고 있었습니다.

"아버지, 저를 용서하소서. 제 죄의 무게가 저를 덮쳤나이다. 저를 구원하소서. 저를 씻어주소서. 예수님의 십자가만이 저를 속량하시고 저를 일으키십니다. 주님, 저를 용서하소서. 제 죄의 짐을 치워주소서."

그리고 마침내, 그 기도의 끝에서 나는 이렇게 고백하고 있었습니다.

"하나님, 우리 조셉, 살려만 주세요. 조셉의 자폐는 안 고쳐주셔도 됩니다. 그거 고쳐지지 않아도 조셉의 그 상태 그대로도 너무나 감사해요.

하나님, 우리 조셉을 살려만 주세요. 조셉 그대로 너무 소중해요. 제발 살려만 주세요."

7

병원까지는 차로 15분가량 걸리는 거리였습니다. 하지만 그날만큼은 마음이 급한 탓에 1시간도 넘게 걸리는 것 같았습니다. 병원에 도착해 응급실로 가보니 조셉은 물을 너무 많이 먹어 임신한 여자처럼 배가 불러 있었고, 조셉 주변으로 의사 7,8명이 둘러 서 있었습니다.

점심 무렵부터 저녁까지 의사와 간호사들은 다급하게 움직였습니다. 아무 의식이 없는 조셉의 배에 찬 물을 빼는 데 온 힘을 기울였는데, 배 속에서 나온 물 색깔을 보니 불순물들이 많이 섞여 있는 탁한 보랏빛이라는 게 내 마음을 더욱 불안하게 했습니다.

그렇게 한참을 움직이던 의사들은 더 이상 손쓸 게 없다고 판단했는지 조셉을 입원실로 옮겼습니다. 그러고는 한 의사가 내게 한 마디를 남겼습니다.

"아직 의식이 없어요. 만약 48시간 안에 깨어나지 못하면 죽거나 식물인간이 될 겁니다."

만약을 위해 대비라도 하라는 듯 조셉에게 닥칠 최악의 상황까지 알려준 의사가 병실 밖으로 나간 뒤, 나는 아들 조셉의 손을 잡고 깨어나기

하나님, 우리 조셉, 살려만 주세요.

조셉의 자폐는 안 고쳐주서도 됩니다. 그대로도 감사해요.

우리 조셉을 살려만 주세요.

를 소망하면서 기도하기 시작했습니다.

"하나님, 사랑하는 아들 조셉입니다. 이 아들을 살려주세요. 그동안 제가 그토록 고쳐달라고 간구했던 자폐는 안 고쳐주셔도 됩니다. 조셉의 이 모습 이대로도 너무 소중하고 감사하다는 걸 알았습니다. 그냥 살려만 주셔도 감사합니다. 하나님의 전능하신 손길로 조셉을 만져주세요. 살려주세요. 조셉을 살려주세요."

내 생애 그토록 진심을 담아 기도해본 적이 얼마나 있었을까요. 나는 애간장이 녹도록 하나님께 간구하고 또 간구했습니다. 조셉의 손을 이렇게 만질 수만 있어도, 조셉의 얼굴을 따뜻하게 쓰다듬고, 조셉의 해맑은 눈을 보며 장난칠 수만 있어도 나는 기뻐할 수 있노라고 고백했습니다. 살려만 주신다면 하나님이 우리에게 그러하셨듯, 나도 있는 그대로의 조셉을 기뻐하며 사랑하겠노라 했습니다. 조셉을 사랑할 수 있는 시간이 다시 주어지기만 한다면 그보다 더 큰 은혜는 없을 거라고 고백했습니다. 조셉의 존재 자체가 내게는 세상 어떤 것보다 귀한 보석임을 나는 진심으로 고백하고 있었습니다.

그렇게 기도하기를 몇 시간. 새벽녘에 얼핏 잠이 들었다가 깨어난 나는 혹시나 하는 마음에 아들의 이름을 불러보았습니다.

"조셉?"

조심스런 마음으로 조셉의 이름을 불렀지만 조셉은 아무 말도 하지 않았습니다. 당연했습니다. 조셉은 누군가의 말에 말로 반응하는 아이가 아니었으니까요. 대신 조셉은 내가 하는 말을 어느 정도 알아들을 수는 있었습니다. 조셉의 의식이 돌아왔는지 다시 확인하기 위해 나는 침대 옆에 놓인 컵에 빨대를 넣고는 조셉의 입 안에 살짝 밀어 넣으며 말했습니다.

"조셉? 이거 물 삼켜봐."

그런데 그 순간, 조셉은 눈을 감은 채 그 물을 한 모금 삼키는 게 아니겠습니까!

'아, 조셉, 살아주었구나!'

아직 눈을 뜬 건 아니지만 그렇게나마 반응을 보여주는 조셉의 모습에 나는 너무 기쁘고 고마워서 심장이 터질 것 같았습니다.

8

"Amazing! 기적이다!"

조셉 곁에서 다시 물을 따르며 그렇게 말하고 있던 찰나, 조셉은 자신이 살아났다는 보다 확실한 모습을 보여주었습니다. 고개를 돌려 나를 힐끗 쳐다보더니 그 물을 시원하게 들이키는 게 아니겠습니까.

나는 조셉의 의식이 돌아왔다는 소식을 병실 밖 간호원들에게 알리며 의사를 불렀습니다. 병실로 모여든 의사와 간호원들도 몇 시간 만에 기적처럼 깨어난 조셉을 보며 기뻐 어쩔 줄 몰라 했습니다. 조셉은 정말 예전처럼 그 맑은 눈으로 물끄러미 사람들을 바라보고 있었습니다.

"하나님, 감사합니다."

안도의 숨을 쉬며 감사고백을 하고 나자, 그제야 집에 다녀와야겠다는 생각이 들었습니다.

"조셉, 엄마가 집에 좀 다녀올게."

조셉을 의사에게 맡긴 뒤 나는 다시 차에 올라 핸들을 잡았습니다.

"하나님, 조셉이 드디어 깨어났어요. 하나님의 은혜입니다. 하나님의 사랑입니다."

의식불명이었던 조셉이 마치 한숨 자고 깨어난 듯 일어나 평소와 다름없이 행동하자, 나는 저절로 하나님을 찬양하게 되었습니다. 조셉이 숨을 쉬고, 조셉이 물을 마시고, 조셉이 걸어 다니는 것 하나하나가 얼마나 놀라운 하나님의 은총인지 실감했기 때문입니다. 불과 하룻밤 사이에 조셉은 죽음 저 너머로 떠나버렸을 수도 있었습니다. 그런데 그 죽음의 갈림길에서 조셉은 이생의 삶으로 되돌아와 주었습니다. 나는 감사하고 또 감사했습니다.

그런데 집으로 돌아가는 길에서 나는 새롭고도 놀라운 경험을 했습니다. 그 길이 진짜 우리 집으로 가는 길이 맞나 싶어 어리둥절할 만큼, 내가 늘 다니던 길이 하룻밤 사이에 180도 달라져 있었습니다.

아침 해가 돋아나는 그 시각, 거리에 피어 있는 꽃송이 하나하나가 햇살을 받아 눈부시게 깨어나는 게 내 눈에 들어왔습니다. 초록의 나뭇잎

들이 저마다 춤을 추며 하늘의 하나님을 찬양했고, 창공의 새들은 두 팔을 쭉 뻗으며 누군가의 품을 향해 달려가고 있었습니다.

'어? 저곳에 바다가 있었네? 바닷물이 어쩜 이렇게 파랗지?'

바닷물이 넘실넘실 몸을 흔들며 출렁이는 모습에 내 입에서는 저절로 감탄사가 터져 나왔습니다.

'아, 아름답다…!'

세상이 아름답다는 사실을 나는 그날 처음으로 알게 되었습니다.

'어쩌면 이렇게 하룻밤 사이에 세상이 달라질 수 있는 것일까? 아니, 이렇게도 아름다운 세상을 왜 나는 이제까지 보지 못했던 것일까?'

집으로 돌아가는 차 안에서 나는 어제와는 전혀 다른 것을 경험하고 있었습니다. 내 눈에서 검은 선글라스 같은 뭔가가 벗겨진 것도 같고, 반대로 내게 없던 뭔가가 내 눈에 씌워진 것도 같았습니다.

달라진 건 비단 내 눈만이 아니었습니다. 한 발짝 내딛을 때마다 무겁기만 했던 내 육체도 하룻밤 새에 날아갈 듯 가벼워졌습니다. 밤을 꼬박 샜는데도 별로 피곤하지 않았습니다. "메마른 땅을 종일 걸어가도 나 피곤치 아니하며"라는 찬송가 고백이 내 삶의 실제가 될 수 있음을 경험하고 있었습니다.

조셉의 사고로 인해 알게 된 나의 죄악 됨과 회개, 그 속에서 깨닫게 된 하나님 아버지의 사랑과 조셉의 깨어남. 하룻밤 사이에 일어난 이 돌연한 일들이 내가 살아가는 이 세상에 무슨 화학반응이라도 일으켰던 것일까요? 나는 그날을 계기로 다른 눈, 다른 육체를 가진 사람이 된 것 같았습니다. 무엇 때문인지 모르지만 내 안에 피어오르는 가슴 벅찬 기쁨과 감사를 막을 길이 없었습니다.

9

조셉이 병원에서 깨어난 뒤 비로소 정신이 든 나는, 조셉을 구해준 생명의 은인에게 고마움의 인사부터 전하고 싶었습니다. 그때의 상황을 들어보니, 어떤 청년 한 명이 파도를 타려고 해변에서 멀리 떨어진 곳에서 파도를 기다리다가 그곳까지 떠내려 온 조셉을 발견하고는 아이를 애타게 찾고 있던 캠프 담당자 선생님에게 데려다 주었다고 합니다.

선생님은 경황 중이라 그 청년의 이름을 묻지 못했고, 사건에 대해 조사하던 경찰도 나중에야 사건일지 기록을 위해 그 청년을 찾아 나섰지만 결국 아무도 그를 찾지 못한 채 사건이 일단락되고 말았습니다.

생각해보면 그날 그 시각에 그 청년이 없었다면 조셉은 결코 살아서 돌아올 수 없었을 것입니다. 그래서 나는 지금도 그 장소를 지날 때면 하나님께서 조셉을 위해 그날 그 시각에 파견해주신 그 천사에 대한 고마움을 안고 간절히 기도하곤 합니다. 어디에서 무엇을 하고 있을지 모르지만 하나님께서 그에게 복 주시고, 그가 우리에게 선의를 베풀었듯 많은 사람들로부터 선의를 받으며 살아갈 수 있기를 말입니다.

실제로 우리는 그 청년을 보내주신 하나님의 은혜 속에서 그날 이후 전혀 새로운 삶을 살아가게 되었습니다. 사고 다음날부터 나는 마치 지옥에서 천국으로 옮겨와 사는 것 같았습니다. 무엇보다 살아 돌아온 조셉을 보고 있자니 있는 그대로의 조셉을 80퍼센트, 90퍼센트만이 아니라 100퍼센트 감사하게 되면서 내 마음속에 기쁨이 넘쳐나는 걸 느낄 수 있었습니다.

아마도 나는 그날의 사고를 계기로 조셉을 천하보다 귀하게 여기시는 하나님의 마음을 만지게 되었는지도 모릅니다. 그 사랑을 만지니 사랑 없던 내게 사랑이 샘솟았고, 내가 걷는 곳 어디에나 하늘나라가 임했습니다.

놀라운 것은 엄마인 내가 변하자 가족 모두에게 도미노 효과가 임했다는 점입니다. 아니 어쩌면 동시다발적인 하나님의 사랑이 가족 모두를 뒤덮었는지도 모릅니다. 가족들은 이전보다 더 조셉을 사랑했습니다. 정확히 말하면 어떻게 하는 게 조셉을 사랑하는 길인지에 대해 눈을 뜨게 되었습니다.

나는 그때부터 어느 누가 우리 집을 방문하더라도 조셉을 불러 그들에게 이 아들을 소개했습니다. 일부러 그렇게 하려고 했다기보다 아들이 너무도 사랑스러웠기에 누구에게든 조셉을 소개하고 싶어서였습니다.

"우리 집 장남 조셉입니다. 조셉, 인사드려."

집에 손님이 올 때마다 조셉은 위축된 엄마의 마음 때문에 자기 방에

조셉이 예뻤고 조셉이 사랑스러웠습니다.

조셉도 그걸 느꼈던 것 같습니다.

조셉은 그때부터 몰라보게 밝아졌고,

놀랄 만큼 다른 모습을 보여주기 시작했습니다.

서만 놀아야 했습니다. 그러나 그날 이후로 내게 있던 위축된 마음이 사라졌습니다. 조셉이 예뻤고 조셉이 사랑스러웠습니다. 그리고 그걸 조셉도 느꼈던 것 같습니다. 조셉은 그때부터 몰라보게 밝아졌고, 놀랄 만큼 다른 모습을 보여주기 시작했습니다.

"Hi, How are you? My name is Joseph. What is your name?"

(안녕? 내 이름은 조셉이야. 너의 이름은 뭐니?)

조셉의 고유한 인사법이 되다시피 한 이 말은 그때부터 시작되었습니다. 조셉이 누구에게든 이렇게 인사를 건네며 친해지고 싶어 했다는 걸 나는 그때 처음 알았습니다. 이렇게 사람 좋아하고 사교적인 아이를 내가 없는 듯 대했을 때, 조셉의 자존감이 얼마나 무너져 내렸을지 생각하자 마음이 저릿하게 아파왔습니다.

조셉은 상대방이 자신을 사랑하는지 미워하는지, 혹은 자신을 자랑스러워하는지 부끄러워하는지 모르는 아이가 아니었습니다. 나는 조셉이 모를 거라 생각했지만 조셉은 다 알고 있었습니다. 오히려 우리 마음 안에서 이루어지는 가치 기준의 변화까지도 조셉은 남들보다 더 세심하게 느끼는 아이였습니다.

통제가 안 되던 조셉의 행동이 조금씩 차분해진 것도 그때부터였습니다. 한시도 가만히 앉아 있지 못하던 조셉이 그때부터는 종종 책상에 앉아 글씨를 쓰곤 했습니다. 학교에서도 조셉을 칭찬하는 소리가 자주 들려왔습니다.

사람들과 소통할 수 있는 언어도 조금씩 늘어났습니다. 사람들 앞에서 조셉의 존재를 드러낼수록 조셉은 귀를 열어 그들의 말을 들었고, 입을 열어 자신의 의사를 한 단어씩이나마 표현하기 시작했습니다.

　조셉과 아빠는 피아노 반주에 맞추어 함께 앉아 찬양도 불렀습니다. 그간 조셉은 가정예배를 드릴 때마다 우두커니 앉아 있거나 갑자기 일어나 돌아다니거나를 반복했었습니다. 그런데 그때부터 조셉은 서너 살 때 할머니 등에 업혀 들었던 찬송가 가사를 기억하고 있다는 사실을 보여주었습니다. "조셉 우리 찬양하자"라고 말하면 조셉은 영어가 아닌 모국어로 찬송가를 1절에서 4절까지 부르곤 했습니다.

　그러던 어느 날, 조셉은 더 깜짝 놀랄 만한 모습을 우리에게 보여줬습니다. "조셉, 오늘은 조셉이 한번 기도해봐"라고 내가 말했던 것으로 기억합니다. 그러자 조셉이 눈을 감더니, 우리 가족이 했던 기도의 언어들을 그대로 흉내 내는 것이 아니겠습니까.

　"주여, 아버지, 주여… 낫게 해주세요. 주여, 아버지, 주여 낫게 해주세요."

　이렇게 반복적으로 같은 말을 한 2,3분 했을까요. 이윽고 조셉은 '주 예수님' 부분에서 '주' 하고 잠깐 쉬더니 '예수'의 이름을 한 자 한 자 힘을 주어 부르고는 기도를 마무리하는 것이었습니다. 이렇게 말입니다.

　"낫게 해주세요. 주 예수님의 이름으로 기도합니다. 아멘!"

chapter 04

끝없는 광야를 지나며

1

조섭이 아홉 살 때 맞았던 그 사고는 조섭과 나의 인생에 첫 번째 터닝 포인트가 되어주었습니다. 그날의 사고 이후로 나와 조섭은 이전까지와는 전혀 다른 시간을 살았고, 그 시간 속에서 조섭은 '이렇게도 좋아질 수 있구나' 하는 걸 보여주었습니다. 그러나 그런 조섭도 사춘기를 통과해야 했습니다.

아이에서 어른으로 되어가는 과정인 만큼 누구에게나 혼란스럽고 쉽지 않을 그 시간이 발달장애를 겪고 있는 조섭에게는 더욱 혹독하게 찾아왔습니다. 자신도 모르게 이루어지는 호르몬의 돌발적인 변화는 가뜩이나 정서 조절에 어려움을 겪던 조섭에게 엄청난 회오리를 일으켰기 때문이었습니다.

조섭이 사춘기에 접어들면서 우리는 출애굽의 기쁨 이후 메마른 광야 길을 헤매야 했던 이스라엘 백성들처럼 또다시 곤한 발걸음을 떼어야만 했습니다.

그 시절, 가장 어려웠던 것 중 하나가 조셉에게 찾아온 분노였습니다. 분노 조절의 어려움은 많은 사춘기 자녀들에게서 볼 수 있는 흔한 현상 중 하나입니다. 그래서 많은 부모들이 쉽게 분을 내며 충동적인 행동을 하는 사춘기 자녀를 어떻게든 빨리 잡으려고 합니다. 야단치고 가르쳐서 신속하게 행동을 교정시켜야만 한다고 생각하기도 합니다.

특히 대부분의 아빠들은 겉으로 드러나는 아이의 행동만으로 아이를 판단하는 경향이 있어서, 아이의 나쁜 행동을 빨리 바로잡지 않으면 큰일이라도 날 것인 양 서두르는 것 같습니다.

우리 가족도 한때는 그래야 한다고 생각했습니다. 남편은 조셉을 사랑했지만, 조셉으로 인해 다른 사람에게 불편을 주어선 안 된다는 생각에 조셉을 엄하게 다루었습니다. 그러나 누군가 조셉을 바꾸려고 하면 할수록 조셉의 불안은 더욱 커지기만 했고, 폭발하는 분노와 통제되지 않는 강박적 행동은 더 심해지는 것 같았습니다.

우리 부부의 결혼생활 중에서 가장 심한 의견 대립과 다툼이 이 시절에 있었던 것도 그런 이유에서였습니다. 남편은 조셉의 돌발 행동을 고치는데 양육의 무게중심을 두었고, 나는 그것이 조셉의 문제를 근본적으로 해결해주는 게 아니니 좀 더 참아주고 기다려주자고 했기 때문이지요.

사실 그때만 해도 조셉과 같은 아이들에 대한 연구가 전 세계적으로 매우 미비했습니다. 지금처럼 언어치료나 놀이치료의 개념도 없었고, 사춘기 자녀에 대한 부모의 지혜로운 접근법에 대해서도 활발한 논의가 이루어지지 못했습니다. 그래서 우리는, 어릴수록 여러 가지 교육을 강화하는 게 좋고, 사춘기에 접어들면 품어주고 용납해주고 기다려주는 게 모든 아이들에게 적용해야 할 양육의 원리라는 걸 오랜 시간이 지나고서야 알게 되었습니다.

그러다보니 그 시절, 내가 할 수 있는 건 하나님께 묻는 일밖에 없었습니다.

"하나님, 어떡하지요?"

이렇게 물으면 주님은 침묵 속에서도 내게 잠잠히 말씀하시는 듯했습니다. 오래 참고 온유하며 모든 것을 견디며 바라는 그 사랑을 가지라고. 기다리고 용납하는 사랑만이 사람을 변화시키는 가장 빠른 길이라고.

5

하지만 막상 현실로 돌아오면 기다림을 실천한다는 건 참으로 견디기 힘든 외로움이기도 했습니다. 한번은 조셉과 함께 무언가를 하다가 내가 조셉의 강박적 행동을 저지하는 바람에 한바탕 소동이 난 적이 있었습니다. 조셉은 사춘기가 되면서부터 갑자기 화가 솟구치면 분노를 주체하지 못해 어디론가 쏜살같이 뛰쳐나가곤 했습니다. 그러다 한번씩은 내 머리를 잡아당기기도 했는데, 그때마다 나는 육체적인 아픔보다는 가슴이 저려오는 아픔 때문에 몸서리를 치곤 했습니다.

그런데 그날따라 조셉은 평소보다 더 강도 높은 행동으로 나를 당황하게 했습니다. 화를 주체하지 못한 조셉이 순식간에 나의 긴 머리를 낚아채며 확 잡아당겼고, 그 바람에 나는 대리석 바닥에 내팽개쳐지고 말았습니다. 줄지에 아들 손아귀에 머리채 잡혀 내동댕이쳐진 엄마가 된 것이지요. 얼마나 세게 잡아당겼던지 머리카락이 한 움큼 빠지면서 뒷머리에 엄청난 통증이 전해져 왔습니다. 곧이어 육체의 통증보다 더 크게 밀려오는 마음의 통증에 나는 가슴을 움켜쥐어야 했습니다.

'병원을 가야 하는데 어떡하지? 의사에게는 뭐라고 말해야 하나?'

아내와 자식을 걱정하는 남편에게 이 사실을 알렸다가는 그 뒤에 벌어질 일들을 감당할 자신이 없었습니다. 우리 가족을 잘 아는 한국 친구에게도 그날의 일을 사실대로 말하기는 왠지 모르게 주저되었습니다. 결국 나는 미국인 친구에게 연락해서 병원에 갈 수 있었지만, 어서 빨리 병원으로 가야 하는 그 상황에서도 누구에게 전화를 해야 하나 고민하는

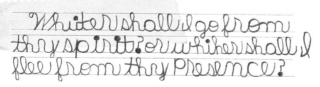

내가 주의 영을 떠나 어디로 가며 주의 앞에서 어디로 피하리이까 시편 139:7

나 자신을 보니 한없이 외로워졌습니다.

하지만 한 가지 감사한 것은 조셉이 그런 엄마를 보며 미안해한다는 것이었습니다. 자신도 모르게 치솟는 분노 조절에는 실패했지만, 자신의 잘못으로 엄마가 아프다는 걸 깨달았을 뿐 아니라, 그로 인해 미안해하고 슬퍼하고 있다는 사실이 나는 감사했습니다.

그런 조셉을 보며 나는 기다릴 수 있다는 희망을 발견했습니다. 아직은 조셉의 충동적인 행동이 남아 있지만, 이 또한 언젠가는 다 지나가리라는 소망이 내 속에 들어왔습니다. "환난은 인내를, 인내는 연단을, 연단은 소망을 이루는 줄 앎이로다"(롬 5:3,4)라는 성경 말씀을 나는 조셉으로 인해 배워가고 있었습니다.

그렇게 고통 속에서 하나님의 메시지를 받는 날들이 몇 년 동안 이어졌습니다. 그러는 중에 조셉의 사춘기 시절 찾아왔던 돌발행동들은 내가 바라고 소망했던 대로 차츰 사라져갔습니다. 그뿐 아니라 조셉은 점차 건실한 청년으로 자라갔습니다.

물론 그 세월이 만만치는 않았지만, 나는 자녀를 향한 부모의 믿음이 자녀의 긍정적인 변화를 이끌어낸다는 걸 실제적으로 경험했습니다. 그런 점에서 광야와 같던 조셉의 사춘기 시절은 내게도 하나의 성장기였다고 할 수 있습니다.

나는 조셉을 보며 자식의 마음은 부모의 마음과 영원히 탯줄로 연결되어 있는 게 아닐까 생각하곤 했습니다. '내가 왜 이런 아이를 키워야 할까?'란 마음으로 힘들어하고 절망할 때는 아이도 한없이 위축되지만, 아이가 문제행동을 일으킬 때조차 '하나님께서 이 아이를 귀하게 쓰실 거야'란 믿음으로 아이를 일관되게 사랑해준다면 아이의 문제행동은 반드시 바로 잡힌다는 걸 조셉은 보여주었으니까요.

그런 면에서 사춘기 시절에 나타나는 자녀들의 문제행동에 대해 부모들이 크게 조바심 내지 않아도 된다고 믿습니다. 나 역시 조셉에 대해 억지로라도 여유를 품고 기다리다 보니 나중에는 조셉의 행동 하나하나를 웃음으로 바라볼 수 있는 배포마저 생겨나곤 했으니까요. 아이는 부모의 그 인내와 기다림을 결코 배신하지 않습니다.

3

그러나 한 가지, 조셉에게는 여느 사춘기 아이들과 달리 고통스런 문제가 하나 더 있었습니다. 사춘기가 시작되기 직전, 갑작스레 조셉에게 찾아온 이 폭격 때문에 우리는 늘 24시간 비상사태로 살아야만 했습니다.

조셉은 본래 주의력결핍장애(ADHD)를 함께 갖고 있었습니다. 그래서 조셉의 나이 만 7세 때 과잉행동을 완화시켜준다는 약을 복용했고, 바로 그 약의 부작용이 나타났습니다. 조셉은 식욕이 없어 밥을 안 먹는 것은 물론 입술이 새파래지면서 아무것도 하지 않으려 했습니다.

나는 그런 조셉이 안쓰러워 금방 약을 끊어버렸습니다. 아무것도 하지 못한 채 시들시들 힘들어하는 조셉을 보는 것보다 힘들더라도 과잉 행동을 하는 조셉을 돌보는 게 더 낫겠다는 판단에서였습니다. 부모라면 누구라도 부작용이 뒤따르는 약을 아이에게 주는 걸 극도로 싫어할 것입니다.

그랬던 내가 몇 년 뒤부터는 그보다 더 독하다는 다른 약을 조셉에게 날마다 먹여야 했습니다. 간도 나빠지고 여러 부작용이 따른다는 그 약을 조셉에게 먹이지 않으면 안 될 만큼 절박한 일이 조셉에게 벌어졌기 때문입니다.

그 약은 다름 아닌 경련 증상을 억제하는 항간질약이었습니다. 만 7세 때 주의력결핍장애 치료약인 리탈린(Ritalin)을 끊은 뒤에 한 번 찾아왔던 경기가 2,3년 뒤에 갑작스레 다시 찾아와 조셉을 괴롭히기 시작했습니다.

자폐는 힘든 장애이긴 하지만 죽는 병은 아닙니다. 그러나 경기가 오면 자칫 기도가 막혀 잘못될 수도 있었습니다. 그래서 나는 이 병만은 꼭 고쳐야 한다는 생각에 조셉을 데리고 온갖 병원을 수도 없이 들락거렸지만 조셉에게 큰 도움이 되진 않았습니다.

사실 자폐 아이들의 부모가 호소하는 큰 어려움 중의 하나는 몸으로 감당해주어야 할 일들이 너무 많다는 점입니다. 손을 잡아주고, 아이가 다 표현 못하는 말을 대신 해주고, 함께 놀아주고, 쫓아다니며 그 뒤치

다꺼리를 다 해줘야만 합니다. 그래서 자폐 아이를 둔 엄마들은 하나같이 육체적 힘겨움으로 인해 근육통이나 엄청난 피로감을 달고 살아야 했습니다.

하지만 우리 아이에게 경기가 찾아오면서부터 나는 아이러니하게도 조섭을 위해 내가 몸으로 해줄 수 있는 게 아무것도 없단 사실에 절망해야 했습니다. 아이가 경기를 하면 부모인 나는 그저 찢어지는 가슴을 혼자 움켜쥐고 기도하는 것밖에는 달리 할 수 있는 게 없었습니다. 특히 시간이 지나면서 조섭의 체격이 점점 커져가자, 그렇게 어른만한 아이가 갑자기 쓰러져서 숨이 넘어갈 듯한 모습을 보일 때의 무력한 슬픔은 말로 다할 수가 없었습니다.

"하나님, 자폐는 더불어 살겠는데 이 병만은 고쳐주셔야겠어요. 예수님, 제발 이 아이의 병을 고쳐주세요."

4

하지만 눈물로 간구하는 나의 소망에도 불구하고 조섭의 병은 좀처럼 잡힐 줄 몰랐습니다. 조섭에게 맞는 약을 찾아가는 과정도 너무나 어려웠고, 운 좋게 약으로 조절이 되었다 해도 횟수가 줄거나 잠시 증상을 억누르고 있는 정도였습니다. 어떤 약이 잘 맞아 낮에 쓰러지는 게 좀 줄었다 싶으면 밤새 침대에서 사투를 벌여야 했습니다. 적게는 일주일에 한 번, 많을 때는 하룻밤에도 7,8번씩 쓰러진 적도 있습니다.

그런 밤을 보낸 뒤에 맞는 아침이면 조셉은 완전히 기운이 빠져 아무 것도 하지 못하는 상태가 되어버렸습니다. 그러나 자폐 성향에서 비롯된 행동, 즉 일정한 규칙에 따라 움직여야 한다는 일념 때문에 조셉은 아픈 몸을 이끌고 정해진 시간에 일어나 정해진 일들을 다 해내려 했습니다. 그런 조셉이 안타까워 쉬라고 하고 싶었지만, 그 역시 조셉을 지켜보는 수밖에 달리 해줄 수 있는 게 없었습니다. 그저 하루라도 빨리 병을 낫게 해주는 게 부모인 내가 조셉을 위해 해줄 수 있는 최선의 길 같았습니다.

"조셉, 오늘도 병원에 다녀오자."

학교 다음으로 많이 다녔던 곳이 병원일 정도로 우리는 병을 고치기 위해, 또 맞는 약을 찾기 위해 오랜 세월 동안 수시로 병원을 들락거렸습니다.

경기가 너무 심해서 그랬는지 조셉에게 처방되는 약은 늘 최대치였습니다. 그래서 적어도 세 달에 한 번씩은 피를 뽑아 간 검사도 받아야 했습니다. 다른 병에 해당하는 약들도 그런지 모르겠지만 이 병은 약이 어느 정도 잘 맞는다 싶다가도 1,2년이 지나면 무용지물이 되어버려 다시 심하게 경기를 시작하곤 했습니다. 그래서 다른 약으로 바꾸면, 그때마다 조셉은 약의 부작용 때문에 늘 어려움을 겪어야 했습니다.

약의 부작용 때문에 몸무게가 100킬로그램까지 올라간 적도 있었고,

또 다른 약으로 바꾸면서는 68킬로그램까지 내려가기도 했습니다. 빤히 눈에 보이는 이런 부작용들을 알고 있으면서도 나는 조셉이 한 번이라도 덜 쓰러지기를 바라는 마음으로 그 독한 약들을 처방받아 조셉에게 건네주어야만 했습니다.

그러나 그렇게 많은 병원을 전전하며 약을 수없이 바꿔보아도 조셉의 경기는 사라지지 않았습니다. 갑자기 '억' 하는 소리와 함께 쓰러지면 아이의 얼굴이 한쪽으로 쏠리면서 두 눈은 흰자위로만 뒤덮였고 입에선 침이 흥건히 흘러나왔습니다. 경련이 너무 심하다 보니 주변의 물건들이 조셉의 몸을 상하게 하는 흉기가 될 수 있었습니다. 그래서 조셉이 경기를 일으키면 나는 서둘러 물건부터 옆으로 치워놓고는 굳어가는 듯한 조셉의 다리를 주무르며 절박하게 기도하곤 했습니다.

"살려주세요, 주님, 살려주세요. 깨어나게 해주세요. 도와주세요."

짧을 때는 45초, 길 때는 1분 45초 정도밖에 안 되는 그 시간이 나에겐 영원처럼 느껴졌습니다. 영원 같은 그 시간 속에서 조셉의 호흡이 멈출 것만 같은 아득함에 나의 심장도 멈춰버리는 것만 같았습니다.

그렇게 아득한 시간이 지나서야 조셉은 비로소 큰 숨을 내쉬며 경련을 멈췄고, 발작으로 인해 온몸의 힘이 다 빠져나간 채 깊은 잠에 들었습니다. 그러면 나도 그제야 털썩 주저앉아 내 얼굴을 조셉의 가슴에 파묻고 눈물을 닦곤 했습니다.

5

그런 과정을 반복적으로 겪고 있던 무렵, 남편이 크루즈 가족여행을 제안했습니다. 푸른 바닷바람을 쐬며 마음 한 자락이나마 쉬어가게 하려는 배려였을 것입니다.

그러나 그 좋은 풍경을 뒤로 한 채 조셉은 배 안에서도 '쿵' 소리를 내며 쓰러졌습니다. 사람들의 놀라는 소리, 누군가의 울음소리가 들려오더니 경련을 일으키는 조셉이 보였고, 경련이 멈추고 한참만에야 편안히 잠든 조셉의 모습을 확인할 수 있었습니다. 나는 주르륵 흘러내리는 눈물을 닦아내며 갑판 위로 혼자 올라갔습니다.

'주님, 어디에 계십니까?'

참담함이 밀려왔습니다. 가도 가도 끝없는 광야와 같은 이 길에서 우리 가족은 과연 가나안 땅에 무사히 도착할 수 있을지 의심스러웠습니다. 칠흑 같은 밤, 검푸른 바다만이 내 주변을 둘러싸고 있는 걸 보자 엄습해오는 공허와 두려움에 다리까지 후들거렸습니다.

그 순간이었습니다. 나도 모르게 갑판 아래 저 시커먼 바다 속으로 영영 사라지고 싶은 강한 충동에 휩싸였습니다. 이 메마른 땅을 걸어갈 수 있는 힘이 내게서 다 빠져나가버린 것만 같았습니다. 아홉 살 조셉이 물에 빠졌던 그날 이후, 아무리 힘든 순간에도 내 생명을 스스로 해하려는 생각을 가진 적은 단 한 번도 없었습니다. 조셉뿐 아니라 남편과 자식들이 있는 아내요 엄마인 내가 어떻게 그런 생각을 할 수 있었겠습니까.

그런데 그날은 뭔가에 홀린 듯 다른 아무것도 생각나지 않았습니다. 그저 저 컴컴한 바닷속으로 뛰어들면 이 모든 고통이 끝날 거라는 생각만이 나를 지배했습니다. 높은 갑판 위에서 발 하나만 떼면 나는 블랙홀 같은 저곳으로 떨어져 이 모든 고통에 종지부를 찍을 수 있을 것만 같았습니다. 죽음이란 뜻하지 않은 순간에 찾아올 수 있다는 걸 나는 그때 알았습니다. 뭔가가 나를 잡아끄는 듯했고, 나는 거기에 응하려 하고 있었습니다.

그런데 그 순간, 누군가 내 뒤통수를 갑자기 후려치는 듯 정신이 번쩍 났습니다.

'내가 뭐하고 있었지?'

여기에 있다가는 반드시 일을 저지를 거란 예감이 번개처럼 나를 일깨웠습니다. 이 생각이 떠오르자 나는 서둘러 갑판 위에서 도망쳐 내려왔습니다.

"주여, 마귀가 내게 손짓합니다. 나를 붙드소서. 나를 붙드소서…."

나도 모르게 나는 이렇게 기도하며 몸서리를 쳐댔습니다.

6

그 일 이후, 나는 마음이 무너지려 할 때마다 입을 열어 하나님을 찬양했습니다.

"높은 산이 거친 들이 초막이나 궁궐이나, 내 주 예수 모신 곳이 그 어디나 하늘나라."

이 찬양을 부르다 보면 나도 모르게 이런 고백을 드리게 되었습니다.

'주님, 조셉이 자폐를 앓든 조셉이 경기를 하든 주 예수님과 함께라면 그 어디나 하늘나라입니다.'

그래서인지 아들 조셉도 많은 찬송가 중 유독 이 찬송을 참 좋아했습니다. 경기를 하고 나서 시체처럼 늘어진 조셉을 볼 때에도 나는 무너지는 마음을 추스르며 이 찬양을 마음에서 되뇌었습니다.

"주 예수와 동행하니 그 어디나 하늘나라…."

그렇게 조셉의 경기로 한참 힘든 시기를 보내던 어느 날이었습니다. 자기 침대 옆에서 누가 자는 걸 매우 싫어했던 조셉의 고집 때문에 나는 딸 둘의 방이 있는 위층에서 잤고, 동생 홍식이가 조셉의 옆방을 쓰는 상태였습니다. 그러다 보니 한밤중에 조셉이 잠을 자다 경기를 하면, 그 소리에 깨어 위층으로 올라와 나를 부르는 일은 늘 막내인 홍식이의 몫이었습니다.

"엄마! 엄마!"

형들이 고등학생, 대학생이 되어 집을 떠나면서부터 한창 사랑받으며 자라야 할 막내 홍식이가 큰형인 조셉의 밤을 지키는 파수꾼이 되어주고 있었습니다. 때론 그 눈에서 눈물을 뚝뚝 흘리며 내게 다급하게 달려와 조셉의 일을 알려줄 때마다 나는 막내아들을 위로할 새도 없이 조셉에게로 정신없이 달려가야 했습니다. 그러면 잠시 후 조셉이 깨어났고 그런 조셉을 위해 기도해준 후에는 또 혹시 일이 일어날까 싶어 옆방인 홍식이의 방으로 가서 대기하다가 잠시 눈을 붙이곤 했습니다.

그런데 그날은 좀처럼 눈을 붙일 수가 없었습니다. 수도 없이 쓰러지고 수도 없이 마음 졸였음에도 불구하고 그날따라 조셉을 바라보는 내 마음이 찢어지게 아팠습니다.

'이 아이 대신 내가 아플 수만 있다면 얼마나 좋을까?'

세상 어떤 말로도 위로가 되지 않는 아들의 고통스런 문제 앞에서 나는 이런 생각을 하며 울다가 아들 방에 있던 영어성경을 폈습니다. 이 상황을 다 아시는 주님, 조셉의 병도, 우리의 아픔도 다 아시는 하나님께서 과연 이 고통을 보시며 무슨 말씀을 들려주실지 알아야겠다는 생각이 갑자기 간절해졌습니다.

성경을 펴서 읽는데 문득 예레미야서 29장 11절 말씀이 눈에 와서 박혔습니다. "너희를 향한 나의 생각을 내가 아나니 평안이요 재앙이 아니니라 너희에게 미래와 희망을 주는 것이니라"라는 말씀이었습니다. 이미 잘 알고 있었던 이 말씀이 그날따라 유독 내 눈에 와서 박힌 이유는, 내가 알고 있던 이 구절의 한글 번역과 영어 번역이 조금 달랐기 때문이었습니다. NIV 영어성경은 이 구절을 이렇게 표현하고 있습니다.

For I know the plans I have for you, declares the Lord, plans to

prosper you and not to harm you, plans to give you hope and a
future.

'너희를 향한 나의 생각'이라 번역된 이 구절이 영어성경에선 '너희를 위
한 나의 계획'(the plans I have for you)이라고 명시되어 있었습니다. 나
는 순간, "조셉을 향한 하나님의 계획과 뜻이 과연 있긴 한 걸까?"라는
수년간의 질문에 대한 답을 찾은 것만 같았습니다.

"하나님, 조셉을 향한 하나님의 계획이 있나요?"

"그럼, 있지. 내가 너에게 계획을 갖고 있는 것과 똑같이, 조셉에게도
아주 특별한 나만의 계획을 갖고 있단다."

예레미야서 29장 11절 말씀을 읽으며 'plan'이란 단어에 잠시 생각을
주고 있는 동안, 내 영혼은 어느덧 주님과 이런 대화를 주고받고 있었습
니다.

7

그리고 이후, 남편과 함께 선교 차 갔던 쿠바의 어느 교회에서 나는 이
말씀을 다시 듣게 되었습니다. 미국 애리조나 주에서 오신 세계적인 설
교자 데이비슨(Davison) 목사님의 고백을 통해서였습니다. 그 분은 갑
작스런 사고로 반신불수가 되셨지만, 그 후 자신이 반신불수였기에 가

능했던 놀라운 사역들을 간증하셨습니다. 그 간증을 들으며 내 입에선 나도 모르게 이런 말을 나왔습니다.

"God has the plan for him"(하나님은 그를 위한 계획을 갖고 계셨어).

실제로, 그날 설교를 하셨던 그 목사님은 예레미야서 말씀을 본문으로 "I have a plan for you"(내가 널 위한 계획을 가지고 있단다)라는 메시지를 주고 계셨습니다. 나는 그 설교를 들으며 하나님은 나에게도, 그 목사님에게도, 그리고 우리 조셉에게도 특별한 계획을 갖고 계신 분이고, 그 계획은 미래와 희망을 주는 것임을 다시 한 번 확신하게 되었습니다.

그 날 후로, 나는 이 말씀을 종이에 크게 써서 조셉의 침대 옆에 붙여놓았습니다. 하룻저녁에 몇 번씩 조셉이 쓰러지는 날에도 조셉을 향해 놀라운 계획을 변함없이 갖고 계신 하나님의 사랑에 대한 신뢰를 이 말씀을 보며 붙들고 싶었기 때문입니다.

그래서인지 나는 어느 날부터인가 조셉이 경기를 하고 깨어나면 절망 대신 감사의 고백을 먼저 하게 되었습니다. 경기를 하다가 잘못 되면 영영 못 일어날 수도 있는데, 하룻밤 새 몇 번의 사투를 벌이고서도 다시 깨어나 또 하루를 시작할 수 있다는 사실에 감사했습니다. 또한 낮에 경기를 하면 위험할 텐데 밤에 침대에서 경기를 하는 것에도 감사했습니다.

밤새도록 조셉이 경기와 사투를 벌인 다음 날 아침이면 나 역시 눈이 벌겋게 충혈된 채 조셉을 선생님에게 보내고 찬양 연습을 위해 대원들이 기다리는 연습실로 발걸음을 떼곤 했습니다. 그런 날일수록 연습실로 향하는 내 마음 안에선 오늘 부르는 찬양이 마지막일 수도 있다는 생각이 들었습니다. 그렇기에 온 힘을 다하고 온 마음을 다해 찬양을 불렀습니다. 오늘도 아들에게 생명을 주신 하나님께 영광을 돌리며, 오늘이라는 시간을 내게 또다시 허락하신 하나님께 감사하며 그분을 찬양했습니다. 창조주 하나님, 생명이신 하나님, 사랑이신 그 하나님만을 묵상하며 그분을 노래했습니다. 그리고 그렇게 찬송을 하다보면 어느덧 근심 걱정이 사라지고 새로운 하루를 살아갈 힘과 기쁨이 어딘가에서 솟아오르곤 했습니다.

내게 있어 찬양은 그렇게 목숨과 같은 것이었습니다. 오늘도 살아서 아침 해를 맞이하고, 내 입을 열어 새 날을 주신 하나님을 찬양할 수 있다는 그 기쁨만이 나를 살아 있게 해주었습니다.

내게 주어진 이 하루의 감사함, 다시 돌아올 수 없는 이 하루의 소중함을 나는 그렇게 조셉으로 인해 그 광야에서 알아가고 있었습니다. 그리고 나는 그걸 알게 하신 하나님을 찬양하며 끝없는 광야의 터널을 통과하고 있었습니다.

chapter 05

기도해야지…!

1

조셉이 광야를 지나는 동안 우리는 두 번의 이사를 했습니다. 첫 번째 이사한 곳은 시애틀이었습니다. 미국에서 안정적으로 뻗어가던 남편의 사업체가 무리한 투자로 인해 연쇄적으로 무너지면서 우리는 부득불 삶의 터전을 옮기지 않을 수 없었습니다.

하지만 시애틀로의 이주는 우리 가족의 도약을 위해 발판을 다져주시는 하나님의 은혜 가운데 이루어졌다고 믿습니다. 무엇보다 우리는 그곳에서 시애틀 형제교회를 섬기며 많은 사랑을 받았고, 그 사랑 속에서 고난의 의미를 재발견해가고 있었기 때문입니다.

남편 역시 그곳에서 사업가로서의 초심을 다지는 중요한 시간을 가졌습니다. 남편의 사업적인 성공은 전적인 하나님의 은혜로 주어진 것이었기에 그동안 자신도 모르게 높아졌던 마음들을 회개하며, 말씀 속에서 하나님의 인도하심을 구했습니다. 그러기를 3,4년. 남편은 결국 전 세계를 다니며 재도약을 꿈꾸던 끝에 캐나다 밴쿠버에서 직업전문 대학 등의

학교 사업을 시작하게 되었습니다.

조셉이 16세 때 우리 가족이 시애틀을 떠나 캐나다 밴쿠버에 짐을 푼 것은, 오랜 준비 기간을 거친 뒤 학교 사업을 시작하게 된 남편의 행보를 따라서였습니다. 바다를 유독 좋아하는 조셉을 위해 국경 근처 화이트락의 한 해변가에 자리 잡은 새로운 집에서 우리 가족은 또 다른 인생의 항로를 따라 나아가게 되었습니다.

5

시애틀에서 밴쿠버로 이주하자마자 한 가지 고민이 생겼습니다. 바로 교회에 관한 일이었습니다. 먼 거리로 이사를 오긴 했지만 그동안 시애틀 형제교회에서 예배 반주자로 섬겼던 일들을 마무리 짓지 못했기에 금방 다른 교회로 옮기는 것이 마음에 걸렸기 때문입니다. 고민 끝에 당분간만이라도 밴쿠버에서 형제교회까지 다니기로 했습니다.

그러나 가는 데만 차로 두 시간여 걸리는 대장정의 이 코스를 조셉이 어떻게 감당할지가 문제였습니다. 충동적인 행동들이 아직 진행되던 때였고, 일정한 기상 시간 등 정해진 규칙대로 하루를 보내는 것에 익숙한 조셉을 주일 새벽마다 일찍 깨워서 데리고 다닌다는 게 가능할까 싶었습니다. 더군다나 조셉은 언제 어디서 경기를 일으키며 쓰러질지 모르는 아이였습니다. 그렇다고 조셉만 집에 두고 다닐 수도 없는 노릇이었습니다. 그래서 일단 당분간만이라도 모두 함께 시애틀 교회로 다녀보기로 했습니다.

그날도 주일 새벽 일찍 아이들을 깨워 준비시키고는 화가 잔뜩 난 조셉과 가족 모두를 차에 태웠습니다. 그런데 국경을 넘어 벨링햄을 지날 무렵, 갑자기 차 뒤편에서 아이들의 외마디 비명소리가 들려왔습니다. 뒷자석에 앉아 있던 조셉이 갑자기 경기를 일으킨 것입니다.

운전을 하던 남편은 부리나케 차를 갓길에 세우고는 조셉에게로 달려갔습니다. 조셉을 본 남편이 눈물을 툭툭 떨어뜨렸습니다. 남들 앞에서 눈물을 보이는 법 없던 남편이 경기를 하는 조셉 앞에서 한없이 울며 외쳤습니다.

"하나님, 언제까지입니까?"

결국 한참 만에 진정된 조셉을 데리고 우리는 상한 갈대와 같은 만신창이의 심정을 가진 채 교회로 가서 예배를 드렸습니다.

하지만 그날 이후로 조셉을 데리고 시애틀까지 다니는 것은 무리라는 결론을 내렸습니다. 어떻게 하나 고민하던 차에 마침 걸어서 다닐 수 있는 거리에 있던 캐나다 임마누엘교회에 조셉이 마음을 붙이게 되었습니다. 참 다행한 일이었습니다. 그래서 주일이면 나는 다른 가족들과 함께 시애틀 형제교회로, 조셉은 조셉을 돌봐주는 분과 함께 캐나다 임마누엘교회로 갔습니다.

그러던 어느 주일, 예배에 참석하기 위해 새벽부터 일어나 교회에 갈

채비를 하던 나는 조셉의 일정 때문에 골치가 아팠습니다. 조셉이 다니던 집 옆의 임마누엘교회가 얼마 전 이사를 가는 바람에 그 주일에 조셉을 그 교회에 보낼 수 없었기 때문입니다. 자동차로 가면 2,30분이면 충분히 갈 수 있는 곳이었지만, 조셉을 돌봐주시는 분이 운전을 할 줄 몰랐던 탓에 거기까지 조셉을 데려다줄 수가 없었습니다. 나는 어쩔 수 없다는 생각에 조셉을 불러 말했습니다.

"조셉, 오늘은 교회에 못 가. 교회가 이사를 가서 너는 오늘 교회에 갈 수가 없어. 그러니까 오늘은 교회 가지 말고 집에서 아줌마와 예배 드려."

주일이면 교회 가는 걸 누구보다 좋아했던 조셉인지라 교회에 가지 말라는 내 말에 조셉은 금세 씩씩거리며 화가 난 표정을 지어보였습니다.

"그래도 오늘은 안 돼. 오늘은 엄마가 형제교회 다녀올 때까지 집에 있어. 집에서 기도하고 찬송해."

그렇게 조셉과 인사를 나눈 뒤, 나는 다른 가족들을 데리고 교회로 향했습니다. 조셉이 교회에 안정적으로 다닐 수 있는 방안을 하루라도 빨리 마련해야겠다고 생각하면서 말입니다.

시애틀에 도착한 후 나는 여느 때처럼 예배를 드리고 성가대 연습에도 참여했습니다. 그런데 갑자기 조셉을 돌봐주는 분에게서 전화가 걸려왔습니다.

"큰일 났어요. 조셉을 잃어버렸어요."

"네? 그게 무슨 말이에요?"

집에 있어야 할 조셉을 잃어버렸다니 언뜻 이해가 가지 않았습니다. 당장 차를 타고 달려간다 해도 내가 바로 가서 조셉을 찾기란 불가능한 거리인지라 애써 숨을 가다듬으며 자초지종을 물었습니다.

"11시가 다 되어 가니까 조셉이 교회에 가겠다고 하는 거예요. 11시 예배 드려야 한다고 하면서요. 교회가 먼 데로 이사 가서 여기에 없으니까 오늘은 못 간다고 했더니 조셉이 화가 나서 쏜살같이 달려 나가더라고요. 저도 금방 쫓아 나갔는데 조셉을 찾을 수가 없어요."

눈앞이 캄캄해졌습니다.

'집 근처 어디에서도 조셉을 찾을 수 없다면 이 아이는 지금 어디에서 무얼 하며 헤매고 있다는 걸까?'

나는 애타는 심정으로 전화가 다시 걸려오기만을 기다렸습니다. 제발 조셉이 제 발로 집을 찾아 돌아오기를 간절히 기도했습니다.

3

한편 그 시각, 집을 뛰쳐나간 조셉은 어딘가를 향해 질주하고 있었습니다. 인도를 따라 달리다 신호등을 건너고, 좌회전을 해서 가로수 길을 달리다 또다시 신호등을 건너고. 조셉은 그렇게 꽤 오랫동안 달리다 걷다를 반복했습니다. 조셉이 응시하며 달려갔던 곳, 그곳은 바로 조셉이 다니던 교회, 얼마 전에 이사한 임마누엘교회였습니다. 조셉은 11시

예배를 드려야 한다는 일념 하나로 땀을 뻘뻘 흘리며 교회로 향하고 있었던 것입니다.

집에서 걸어가면 족히 3시간은 넘게 걸리는 거리로 이사한 그 교회는 바로 며칠 전 내가 조셉을 차에 태워서 두 번 가봤을 뿐입니다. 조셉은 그렇게 먼 거리의 교회를, 그것도 두 번 가봤을 뿐인 그 교회를 향해 달리고 있었던 것입니다.

그리고 놀랍게도 조셉은 약 3시간 만에 그 교회 앞마당에 숨을 헐떡이며 도착했습니다. 그것도 예배와 모임까지 다 마친 존 앨런(John Alan) 목사님이 집으로 돌아가려고 교회 문을 막 잠그려던 그 순간에 맞춰서 말입니다.

목사님은 숨을 헐떡이며 교회로 찾아온 조셉을 보고 깜짝 놀랐다고 하셨습니다. 이 아이가 왜 이 시간에 여기에 혼자 왔는지, 또 1분이라도 늦게 왔으면 아무도 없는 교회에서 어쩔 뻔 했는지 생각하니 아찔했다고 하셨습니다.

조셉을 집으로 데리고 오신 목사님의 그 같은 말씀을 나중에 전해 듣고는 나 역시 불가사의하기만 했습니다. 걸어서 찾아가라고 하면 나도 못 찾아갈 그 교회를 조셉은 어떻게 기억하고 찾아갔던 것일까요? 게다가 자동차가 질주하는 거리의 횡단보도를 어떻게 안전하게 건널 수 있었을까요? 지금도 나는 그 교회 근처를 지날 때면 그날의 일들이 떠올라 조셉을 눈동자같이 지켜주신 주님을 생각하며 감사기도를 드리곤 합니다.

장애 아이를 가진 모든 엄마들처럼 나는 1분 1초라도 빠짐없이 조셉 곁에 누가 있어야만 한다고 생각했고, 내가 죽고 나면 이 아이를 누가 돌볼까를 항상 걱정했습니다. 그런데 엄마도 없고, 돌보는 이도 하나 없는 그 3시간 동안 하나님께선 조셉의 머리카락 하나 상하지 않게 지키고 계셨습니다. 정말 그날의 사건은 하나님을 예배하기 위해 교회를 찾아 나선 우리 가족 모두를 위해 하나님이 천사를 파견해 조셉을 보호하셨다고밖에 달리 결론을 내릴 수가 없는 일이었습니다.

그래서 나는 그날, 감사기도와 함께 내 마음 밑바닥에 나도 모르게 쌓여있던 조셉에 대한 잘못된 판단을 꺼내어 깨끗이 청소해야만 했습니다. '어차피 설교도 자세히 알아듣지 못할 텐데 하루쯤 집에서 예배드리게 해도 되겠지'라고 잠시나마 조셉을 무시하며 안이하게 생각했던 엄마의 믿음 없음에 대해 조셉은 그날 경종을 울리며 무언의 항변을 하고 있었는지도 모릅니다. 나도 주일이면 교회에 가서 하나님을 예배하고 싶다고, 내가 살아가는 이유는 하나님을 기뻐하며 그분을 예배하는 것이라고….

4

'이 아이도 믿음을 가질 수 있을까?'

조셉의 어린 시절, 나는 조셉을 보며 줄곧 이런 의문을 가졌습니다. 말귀가 잘 통하는 사람들에게 복음을 전해도 예수님을 구원자로 믿기 어려운 법인데, 사람들과 기본적인 의사소통도 어려운 이 아이가 어떻게 예수님을 그리스도로 믿어 주님과 동행하는 삶을 살 수 있을지 의심스럽기만 했습니다.

조셉이 진정한 믿음을 갖게 되길 바라면서도 정작 나 자신의 믿음은 매우 연약했습니다. 믿음이 뿌리째 흔들린 건 아니지만, 조셉이 물에 빠졌던 사건을 겪기 전까지의 내 믿음이란 현실의 고단함을 이겨낼 만큼 실제적인 것이 못 되었습니다. 바람 앞에 꺼져가는 등불처럼 아슬아슬한 상태로 버티고 있는 것, 그것이 바로 나의 영적인 상태였습니다.

하지만 그렇게 연약한 믿음을 갖고도 나는 밤마다 조셉을 붙잡고 기도를 해주었습니다. 할머니, 할아버지는 조셉을 업고 늘 찬송가를 부르셨고, 가족 모두는 조셉이 듣든지 안 듣든지 가정예배를 드리며 말씀을 나누곤 했습니다.

그러면서도 나는 여전히 조셉이 능동적인 믿음을 가지리라곤 기대하지 않았습니다. 그저 우리가 데리고 가니까 교회에 가는 거고, 기도도 엄마인 내가 밤마다 자기 전에 해주니까 아무 생각 없이 듣고 있는 거라고만 여겼습니다.

조셉이 초등학교에 들어간 후에도 마찬가지였습니다. 아무리 생각해도 하나님의 아들이신 예수님을 구주로 믿고 그분을 의지할 때 구원에 이를 수 있다는 영적인 진리를 이 아이가 알아듣기란 불가능할 거라고 판단하고 있었습니다.

Everry dary i will ll bless thee; and i will praise thy name for) everr and ever.

내가 날마다 주를 송축하며 영원히 주의 이름을 송축하리이다 시편 145:2

그러던 중 레스파이트 서비스(Respite Service) 프로그램에 조셉을 처음으로 보내게 되었습니다. '레스파이트 서비스'란 이런 장애를 가진 아이들의 부모를 위해 2,3일 정도 특수교사가 있는 집에 아이를 맡겨 잠시나마 부모를 쉬게 하는 프로그램이었습니다.

조셉의 선생님에게서 이런 프로그램에 대한 소개를 받으면서부터 나는 기대와 함께 걱정도 많이 되었습니다. 낯선 환경에서 불안감이 높아지는 이 아이들은 심하면 집안의 벽지만 바뀌어도 잠을 잘 이루지 못하는 경향이 있기 때문이었습니다. 조셉도 마찬가지여서 무엇이든 정해진 패턴대로 하지 않으면 못 견뎌 하는 성향을 보였습니다. 그래서 조셉의 방은 언제나 정리 정돈이 잘되어 있어야만 했습니다.

그런 아이가 생전 처음 가보는 남의 집에서 어떻게 잠을 잘 수 있을지, 혹시 밤새도록 소리를 지르며 불안해하는 건 아닐까 염려가 되었습니다. 불안이 심해지면 트라우마가 올 수도 있기 때문에 부모인 나는 한발 한 발 내딛는 게 언제나 조심스러울 수밖에 없었습니다.

그러나 그때는 잘 몰랐지만, 이런 아이들에게 낯선 곳에서 자게 해보는 시도는 부모를 위해서뿐 아니라 아이들을 위해서도 매우 필요한 일이었습니다. 아이에게 정서적인 무리가 가지 않는 범위 안에서 이런 시도를 조심스럽게 해줘야만 아이들이 낯선 환경에 대한 거부감이나 불안감을 극복해낼 수 있기 때문입니다. 실제로 어려서부터 부모의 손을 잡고 여행을 종종 다녔던 아이들은 커서도 환경의 변화에 대한 거부감을 훨씬 덜 보인다는 걸 다른 아이들을 보면서도 확인할 수 있었습니다.

물론 내가 당시에 거기까지 생각했던 건 아니었습니다. 그저 조셉이 그 집에서 사건을 터트리지 않고 무사히 이틀 밤을 보낼 수 있기만을 기도할 뿐이었습니다. 조셉을 데리고 그 집까지 가는 동안에도 이 마음을 안고 조셉에게 계속해서 말을 해주었습니다.

"조셉, 너는 그 집에서 두 번 자는 거야. 이틀 밤을 잘 거니까 잘 지내다 와."

아무런 반응도 해주지 않는 조셉에게 이런 말을 하는 게 무슨 의미가 있으랴 싶으면서도, 나는 조셉이 조금이나마 상황을 예측할 수 있기를 바라며 같은 말을 반복해주었습니다.

약속한 장소에 도착하니, 조셉은 낯설었는지 자꾸만 방 안을 두리번거렸습니다. 저런 조셉을 두고 가도 될까 싶어 발걸음이 쉽게 떨어지지 않았습니다. 그러자 선생님이 빨리 가라고 재촉하셨습니다. 엄마가 얼른 가는 게 아이에게도 도움이 된다면서 말입니다.

획 몸을 돌려 현관문을 나서려고 하는데, 그 순간 떠나려는 나를 조섭이 꽉 붙잡았습니다. 어디로 튈지 모르는 조섭의 몸을 내가 붙잡기만 했지, 조섭이 먼저 내게 다가와 나를 붙잡은 적이 없었기에 나는 깜짝 놀라 조섭을 보았습니다.

"기도해야지."

조섭은 그 순간, 내게 기도해달라는 말을 하고 있었습니다. 그것도 본인의 입으로, 본인의 마음과 의지를 담아 내게 부탁하고 있었습니다. 정말이지 나는 깜짝 놀랐습니다. 나는 그간 조섭이 아침 8시에 식사를 하고 식사를 하면 양치질을 하듯이, 조섭을 위해 기도하는 것 역시도 '밤에 잠자기 전에 침대에서 엄마가 하는 규칙' 정도로 받아들이고 있는 줄로만 알았습니다.

그런데 밤도 아니고 조섭의 침대 위도 아닌 이곳에서, 조섭은 내게 기도해달라고 말하고 있었습니다. 조섭에게 상황 파악 능력이 있다는 것, 그리고 혼자 남겨지게 된 이 상황에서의 불안감을 기도로 해결하려 하고 있다는 것이 깨달아지면서 감동이 밀려왔습니다. 즉시 조섭에게 말했습니다.

"그래 조섭, 기도하자. 엄마가 조섭을 위해 기도할게."

나는 조섭의 손을 잡고, 이틀 밤을 주님의 보호하심 아래 평안히 지낼 수 있게 해달라는 기도를 드렸습니다. 그러자 조섭이 힘차게 답했습니다.

"아멘!"

기도를 마치자 조셉은 비로소 살며시 웃으며 이제 집으로 가라는 표시까지 해주었습니다. 그 모습을 본 후 나는 믿음에 대해서도 달리 생각하지 않을 수 없었습니다.

믿음이 무엇일까요? 아니, 믿음은 어떤 영역에 속하는 것일까요? 믿음, 즉 신앙이란 지성이나 이성의 범주와는 또 다른 영역, 즉 영성에 속한 것이었습니다. 이성이나 지성이 뛰어나다고 해서 영성이 뛰어난 것도 아니고, 반대로 이성이나 지성이 부족하다고 해서 영성마저 부족하다고 말할 수는 없는 노릇이었습니다. 하나님을 실제적으로 경험하고 그분의 자취를 따라 사는 신앙이 하버드대학의 법대생들보다 산골 할머니들에게서 더 깊고 선명하게 나타나는 이유가 분명히 있었던 것입니다.

나는 이 사실을 깨닫게 된 후, 사람 사는 세상에서의 가치 판단 기준인 이성, 지성, 명성이 부족해도 하나님을 감지하고 그분을 따르려는 영성은 더 뛰어날 수 있음을 세상 사람들에게서, 그리고 조셉에게서 이따금씩 발견하곤 했습니다.

그래서인지 조셉의 성장과정을 지켜보다가 가끔 혼자 웃게 되는 일도 있었습니다. 조셉의 특정한 습관과 관련된 일 때문입니다. 조셉은 집으로 손님들이 찾아와 식사라도 하게 되는 날이면 반드시 그 분들 중에서 한 분을 지목하며 이렇게 말하곤 했습니다.

"You pray!"(당신이 대표로 식사기도하세요.)

조셉이 그럴 때마다 내가 놀라는 이유는, 처음 보는 그 손님들 중 조섭이 가리키는 사람이 목사님이거나 선교사님인 경우가 대부분이었기 때문입니다. 엄마인 나는 그런 조셉의 손짓이 우연으로만 느껴지지 않아 남편에게 웃으면서 말하곤 했습니다.

"우리 가족 중에서 조셉이야말로 가장 뛰어난 영성을 가진 아이가 아닐까요? 그래서 조셉이 식사기도 때마다 가장 영성 있는 분들을 지목하는 것 같아요."

우스운 얘기지만, 이런 대화를 나눠서 그런지 언제부터인가 남편과 나는 손님들이 집으로 올 때면 조셉이 과연 누구를 지목해서 대표기도를 하게 하는지 자못 진지한 표정으로 바라보며 기다리기도 했습니다. 그리고 누군가 조셉의 지목을 받아 대표로 식사기도를 할 때면 내 속에서는 '역시나!' 하는 감탄도 이어졌습니다. 조셉에겐 주님의 신실한 일꾼들을 알아보는 눈이 있었던 것 같습니다.

♮

주일에는 무슨 일이 있어도 교회에 가야만 하는 아이, 예배드리는 시간에 이따금씩 크게 하품도 하고, 심지어 방귀가 나올 땐 자리에서 벌떡 일어나서 정식으로 방귀를 뀔지언정 그 시간만큼은 돌아다니지 않고 가만히 앉아 예배드리는 아이, 헌금을 빠트리면 큰일 나는 줄 아는 아이. 그 아이가 바로 정홍열, 내 큰아들 조셉이었습니다.

이런 조셉을 보면서 나를 포함한 우리 가족들도 무언중 영향을 받지 않을 수 없었을 것입니다. 모두들 주일을 구별해서 예배드리는 일, 물질의 십일조를 구별해서 주님께 드리는 일에 마음을 쏟았습니다. 남편은 거기서 더 나아가 시간의 십일조를 드리는 심정으로 1년이면 몇 차례씩 아프리카와 중국, 동남아시아 등으로 선교여행을 떠났고, 우리는 십의 이조, 십의 삼조를 드리기 위해 우물 파주기, 고아원 짓기, 북한 어린이 지원 등의 사업에도 힘껏 마음을 썼습니다.

조셉은 이처럼 우리에게 신앙의 거울이 되어줄 정도로 모범적인 신앙생활을 했지만, 그렇다고 해서 조셉의 교회생활이 기계적이었던 것은 아니었습니다. 우리가 등을 떠밀었기 때문에 교회에 가는 것도 아니고, 가야만 하는 당위성 때문에 가기 싫은 교회에 억지로 가는 것도 아니었습니다. 교회든 예배든 조셉도 싫고 좋음의 기준이 있었고, 그 기준을 따라 스스로 선택한 길을 조셉은 즐겁게 가고 있었습니다. 조셉이 한인교회보다 미국과 캐나다교회를 더 많이 다녔던 것도 그런 자기 나름의 기준 속에서 조셉이 선택한 것이었습니다.

조셉은 사람들을 무척이나 좋아하는 아이였습니다. 그래서 누구를 만나든 아무런 편견 없이 다가가 먼저 인사를 나눴습니다.

"Hi! How are you? My name is Joseph. What is your name?"

조셉이 이렇게 인사를 건네면 미국교회에서는 "Hi, Joseph. How are you?"(안녕, 조셉. 잘 지내지?)라며 다들 반겨주었습니다. 그러나 한인교회의 교인들은 문화적 특성상 마음은 있어도 조셉을 어떻게 대해야 할지 몰라 멀뚱멀뚱 쳐다보거나 아무 말도 안 하는 이들이 대부분이었습니다. 그런 분위기를 감지한 조셉은 어느 주일부터인가 내게 이렇게 말했습니다.

"No, Korean church!"(한국 교회 싫어!)

사람들의 반응에 민감한 조셉은 자신을 더 반갑게 대해주는 미국교회나 캐나다교회로만 다니려 했습니다. 조셉과 같은 아이들에 대해 서양교회가 한인교회보다 훨씬 더 수용적이란 것을 조셉이 느꼈기 때문입니다.

그 때문에 우리 가족은 따로따로 교회를 섬길 때가 많았습니다. 함께 교회에 다니기 위해 많은 시도를 했음에도 불구하고, LA든 시애틀이든 밴쿠버든 나는 계속 예배 반주와 성가대 지휘자로 섬기며 한인교회에 다녀야 했고, 조셉은 따로 서양교회로 다녀야 했습니다.

그러나 언제까지 조셉을 혼자 서양교회로 다니게 할 수는 없다는 생각에 조셉의 나이 서른이 넘은 후에는 남편이 조셉을 데리고 쥬빌리채플이라는 한인교회에 다녔습니다. 쥬빌리채플은 기독교 대학인 트리니티 웨스턴 대학교 안에 세워진 교회로, 주로 한국에서 공부하러 오신 목사님들과 선교사님들이 예배드리기 위해 세워진 교회였습니다.

그런데 웬일인지 조셉은 그 한인교회에 다니는 것을 무척이나 좋아했습니다. 5,60명 정도 모여 예배드리는 조그마한 그 교회가 조셉의 마음을 사로잡은 비밀은 무엇이었을까요. 물론 그게 전부는 아니었겠지만,

조셉이 담임목사님(양승훈 목사님)으로부터 특급지령(?)을 받은 것이 그 교회를 사랑하게 된 가장 큰 이유가 아니었을까 싶습니다.

"조셉, 앞으로 네가 주보위원을 맡아주겠니?"

은혜로운 말씀과 가족처럼 대해주는 교인들의 사랑도 조셉의 교회 사랑을 이끌어냈을 테지만, 무엇보다 조셉은 주일 아침마다 조금 더 일찍 교회에 가서 주보를 하나하나 접어야 하는 특급지령이 자신에게 떨어졌다는 걸 즐기고 있는 듯했습니다.

목사님으로부터 주보위원 사명을 부여받은 뒤, 조셉은 주일 아침마다 낑낑거리며 주보 접는 일에 충성을 다했습니다. A4 용지보다 조금 더 큰 사이즈의 주보를 네 등분해서 접는 그 일이 뭐라고 '충성'이란 표현을 쓰냐고 할지도 모르겠지만, 조셉에게 있어서 그 일은 분명히 충성이었습니다. 남들은 금방 끝낼 수 있는 그 일을 조셉은 몇 배의 시간을 들여 땀을 뻘뻘 흘리며 하곤 했으니까요. 또 그 일을 위해 한 주도 빠짐없이 주일마다 신나게 교회로 향하곤 했으니까 말입니다.

그러다가 조셉은 오후가 되면 빌라델비아 한인교회의 사랑부 예배에도 참석했습니다. '사랑부'는 조셉과 같은 발달장애 아이들과 지적장애 아이들을 위한 예배공동체였습니다. 아이들의 눈높이에 맞게 섬기며 믿음을 심어주는 빌라델비아 한인교회의 특수사역 속엔 '사랑'이라는 진정성이 담겨 있었습니다. 한 아이에게 한 사람씩 자원봉사자가 따라붙을 정도로, 장애 아이들에 대한 전교인의 관심도 매우 깊었습니다.

아마 조셉도 그걸 느끼고 있었을 것입니다. 그래서 조셉은 매주일 오전이면 쥬빌리채플에 가서 예배를 드리고, 오후가 되면 빌라델비아 사랑부에 가서 성경암송도 하고 예배를 드리곤 했습니다. 토요일마다 이상현 목사님이 하시는 발달장애 아이들을 위한 특수전문학교인 밀알학교에 다니는 것도 그렇게 좋아할 수가 없었습니다.

조셉의 교회생활 속엔 그와 같은 자기 기준과 선택이 있었습니다. 교회에 가고 헌금을 드리는 모든 행위 속에는 조셉의 자원하는 마음이 분명히 자리 잡고 있었던 것입니다.

그런 조셉이 언제나 자발적으로 사랑했던 것, 그것은 하나님께 기도하고 하나님을 찬양하는 것이었습니다. 기도를 사모하고 찬양을 사랑하는 조셉의 모습을 보면 예수님을 향한 조셉의 신앙고백이 누구보다 천진하고 누구보다 진실하다는 걸 알 수 있었습니다. 조셉은 그 찬양과 기도 속에서 천국을 누리며 사는 듯 보였습니다.

6

사춘기를 지나 청년기에 접어들면서 조셉은 찬양을 더욱 좋아하게 되었습니다. 특히 조셉은 헨델의 오라토리오 〈메시아〉 중 '할렐루야'를 좋아해서 내가 〈메시아〉의 서곡부터 시작해서 '할렐루야' 전주 파트를 치기 시작하면 그렇게 좋아할 수가 없었습니다. 총 2,3시간이 소요되는 이

곡을 내가 직접 연주해줄 수는 없어 CD를 사다주자 조셉은 종종 그 긴 음악을 다 들을 정도였습니다.

그래서 나는 조셉의 얼굴이 어둡게 굳어 있다 싶으면 "우리 조셉, 할렐루야!"라고 말하거나 "조셉, 찬양할까?"라는 말을 슬쩍 건넸습니다. 그러면 조셉은 금세 싱글벙글 웃으면서 나를 데리고 피아노 방으로 향했습니다. 피아노 연주를 시작하는 엄마 옆에 앉아 함께 찬양하려고 의자 하나를 끌고 와 피아노 옆에 놓는 일도 잊지 않았습니다.

우리가 함께 부를 찬양 곡목의 순서는 조셉이 이미 정해놓고 있었습니다. 제일 처음 부르는 곡은 언제나 '주를 나를 기르시는 목자'였습니다.

"주는 나를 기르시는 목자요 나는 주님의 귀한 어린 양"이라 고백하며 찬양하는 조셉을 보면, 정말 주님의 품 안에서 안심하고 뛰노는 한 마리 어린 양처럼 보였습니다.

그러고 보니 양은 동물 중에서도 매우 약한 동물로 알려져 있습니다. 지독한 근시안이라서 목자가 앞서서 양을 이끌어주지 않으면 풀을 뜯어

I will be glad and rejoice in thee: I will sing praise to thy name, O thou most High.

내가 주를 기뻐하고 즐거워하며 지존하신 주의 이름을 찬송하리니 시편 9:2

먹다가 길을 잃어버릴 수도 있습니다. 그래서 양들에게 있어 목자의 존재는 절대적입니다. 목자를 따라가야 살고, 목자가 양들을 지켜줘야만 삽니다. 이 찬송가 3절을 보면 이런 목자와 양들의 관계가 더 분명하게 드러납니다.

　못된 짐승 나를 해치 못하고 거친 비바람 상치 못하리
　나의 주님 강한 손을 펼치사 나를 주야로 지켜주신다

자폐성 장애를 가진 조셉은 좋고 싫음에 대한 자기의사가 분명히 있음에도 불구하고, 사람들과의 소통을 언제나 어려워했습니다. 동그라미를 들고 살아도 네모를 들고 산다며 타박하기도 하는 세상입니다. 그렇게 소통이 어려운 세상이기에 조셉에게 있어 세상살이는 못된 짐승들이 들끓는 광야 한복판이 아닐 수 없었습니다.

하지만 조셉은 그 광야에서 철을 따라 꼴을 먹여주시는 주님이 계셔서 부족함이 없노라 찬양하고 있었습니다. 막대기와 지팡이로 못된 짐승을 쫓아내주시는 주님이 나의 목자가 되시기에 두려움이 없다고 노래했던 다윗처럼, 조셉은 행복하게, 너무도 행복하게 이 찬양을 부르곤 했습니다.

이 찬양을 시작으로 조셉은 '은혜가 풍성한 하나님은', '내 주의 보혈은', '내 영혼이 은총 입어', '주 예수보다 더 귀한 것은 없네'라는 찬송가를 3, 4절까지 다 부르곤 했습니다. 때로 눈을 감고 음미하면서, 때로는 심각하고도 진지하게, 때로는 손뼉을 치며 자신이 외우고 있는 찬송을 그 자리에서 다 불렀습니다. 음정이 틀릴 때도 있고 박자가 엇나갈 때도 있지만, 조셉이 얼마나 온 마음을 다하고 온 힘을 다해서 찬양하고 있는지는 조셉의 얼굴에 맺힌 땀방울들을 보면 확인할 수 있었습니다.

그렇게 찬양하는 시간은 대략 3, 40분 정도. 그러면 조셉은 자랑스런 대한민국 국민임을 잊지 않으려는 듯 마지막에 "동해물과 백두산이 마르고 닳도록 하나님이 보우하사 우리나라 만세"라는 애국가를 힘차게 부릅니다. 이 순서 역시 어디까지나 조셉이 알고 있는 노래들 중 조셉 스스로가 정해 놓은 순서였습니다.

애국가의 장엄한 노래를 다 부르고 나면 그제야 나는 잠시 숨을 돌립니다. 대략 40여 분 동안 피아노를 치며 함께 찬양을 불렀으니 힘이 들 법도 할 것입니다.

그런데 이때가 되면 조셉은 조용히 내 눈치를 살핍니다. 우리 찬양의 마지막 피날레를 장식할 '그 찬양'을 연주해주면 안 되겠냐는 무언의 암시를 보내면서 말입니다.

"조셉, 오늘은 여기까지 하고 자자."

내가 너무 피곤한 날은 조셉의 마음을 알면서도 이렇게 말할 수밖에 없습니다. 그러면 조셉은 애국가까지 부른 것으로 위안을 삼으며 아쉬움을 접고 자리에서 일어나 자기 방으로 갑니다. 그러다 한 번씩 내가

"조셉, 할렐루야 해줄까?"라고 말하면 조셉의 얼굴이 더욱 환해지면서 헨델의 〈메시아〉 곡 중 할렐루야 부분이 피아노의 아름답고도 장엄한 선율로 울려 퍼지길 기다립니다.

"할렐루야 할렐루야 할렐루야 할렐루야 할렐~루~야."

할렐루야가 나올 때의 그 기뻐하는 조셉의 표정을 어떻게 표현할 수 있을까요. 손끝 하나 발끝 하나 움직이지 않고 그저 얼굴 가득 만족스런 미소만을 머금은 채 조용히 음악을 들을 때의 해같이 빛나는 조셉의 얼굴은 마치 이렇게 말하고 있는 듯했습니다.

"이것으로 만족합니다. 주를 찬양할 수 있다는 이것만으로도 나는 충분히 행복합니다. 주님의 이름을 찬양합니다. 할렐루야!"

그렇게 온 세상의 행복을 다 담은 듯 감격스럽게 음악을 들던 조셉은 할렐루야가 끝나면 커다란 목소리로 한 마디를 하고 일어나곤 했습니다.

"끝났다!"

끝났다는 조셉의 말은 오늘 마음껏 찬양을 드려 만족스럽다는 뜻이자 내일 또다시 조셉을 기르시는 목자 예수님을 찬양하겠다는 뜻이었습니다. 조셉은 그렇게 인생에 대한 만족을 하나님을 찬양하는 데서 찾고 있었습니다.

chapter 06

하나님의 마스터플랜

1

조셉의 어린 시절, 조셉을 양육하는 일이 늘 힘에 부쳤던 나는 언제부터인가 하나님께 이런 고백을 드리게 되었습니다.

"하나님, 이 아이는 제 것이 아니라 하나님의 것입니다. 하나님께서 키우소서. 하나님께 맡깁니다."

부모라면 누구나 자식을 보며 내 아이, 내 자식이란 생각을 하며 삽니다. 나 역시 마찬가지여서, 조셉이 태중에 있을 때부터 어떻게 해야 내 자식인 이 아이를 잘 낳아서 잘 키울 수 있을까에 대해 골몰했습니다. 건강한 아이를 낳기 위해 먹는 것, 보는 것에도 신경을 쓰며 정말 열심히 태교를 했습니다. 많은 사람들이 그렇듯 내게도 자식이라는 존재의 형상을 내가 잘 빚어내야 한다는 과중한 책임감이 있었던 것입니다.

그런 내게 하나님께선 조셉을 비롯한 다섯 아이를 맡기시며 모든 자녀들이 하나님의 것이고 하나님께서 키우신다는 메시지를 동일하게 주셨습니다. 자녀들의 진짜 아버지는 하나님이시고, 우리는 그 아버지의 청지기로 부름 받은 사람들임을 알려주셨습니다.

조섭이 발달장애를 겪지 않았다면 나는 하나님께서 주시는 이 메시지를 받지 못했을지도 모릅니다. 아이의 인생을 내가 디자인해줄 수 있다는 자신감으로 아이를 붙들고 아이에게 매인 채 살아가다가 언젠가 내 뜻대로 되지 않는 일들을 겪으며 좌절의 늪에 빠졌을지도 모릅니다.

그러나 조섭을 키우면서 나는 일찍이 부모인 내가 자식을 위해 해줄 수 있는 게 없다는 사실을 깨달았습니다. 내가 아무리 아이를 위해 애써도 나는 아이의 마음 한 자락 움직일 수 없는 사람이었으니까요. 아이 영혼에 영원을 사모하는 눈을 주시고, 그 마음에 성장의 활력소인 햇빛을 비추시며, 그 육체에 촉촉한 비를 뿌려주시는 하나님의 주권을 인정하며 그 하나님께 아이를 맡기고 기도하는 것이 부모인 우리가 해야 할 모든 것이었습니다.

이렇게 아이에 대한 하나님의 주권과 계획을 인정하고 나면, 더 이상 우리는 아이의 가치를 다른 아이와 비교하며 자랑한다거나 아이를 내 소유물인양 키우지 않게 됩니다. 이 아이가 하나님 아버지께서 고유하게 창조하시고, 특별하게 인도하시며, 목숨처럼 사랑하시는 바로 그 아이임을 알게 되면, 아이의 있는 모습 그대로를 귀하게 보게 되고, 비록 느리더라도 성장의 한 걸음 한 걸음을 뗀다는 사실에 기뻐하며 기도할 수 있게 됩니다. 아이를 향한 선하신 하나님의 완전하신 계획을 소망하며 기뻐할 수 있습니다.

'조셉, 나는 네가 기뻐.'

조셉이 스물한 살이 되어갈 무렵, 나는 어느덧 조셉을 볼 때마다 그런 생각을 하는 엄마가 되어 있었습니다. 고통과 눈물의 세월 속에서 무엇이 나를 그렇게 이끌었는지 모르겠지만, 조셉이 청년기에 접어든 그 즈음에는 그 모습 그대로가 하나님께서 이끄시는 최고의 상태라 믿으며 조셉의 앞날을 그분께 내맡길 수 있는 믿음이 내게도 뿌리내리고 있었습니다. 그래서인지 조셉을 바라보는 엄마의 마음속엔 조바심이나 걱정 대신 평안과 기쁨이 더 크게 자리 잡아 갔습니다.

2

조셉을 하나님께 맡길 수 없었다면, 나는 평생 조셉 외에는 아무것도 보이지 않았을 것입니다. 아이의 상태를 조금이라도 더 낫게 바꿔보려는 노력과 시도만으로 내 인생의 전부를 채웠을지도 모릅니다.

그러나 하나님께서 조셉을 직접 인도하신다는 믿음을 갖게 되면서부터, 나는 때로 조셉이 폭풍우 치는 거리를 지날 때에도 주님께 조셉을 맡긴 채 봉사활동을 나가거나 음악공부를 하는 데에 내 인생의 한 공간을 내어놓을 수 있었습니다.

그 덕분에 내게는 음악회에서 연주하거나 반주를 할 기회가 종종 찾아왔습니다. 그중 하나가 조셉의 나이 스물한 살 즈음에 밴쿠버 매시

극장(Massey Theatre)에서 열렸던 장애우를 위한 자선음악회(Joy Center 주최)였습니다. 세계적으로 유명한 소프라노 김영미 씨와 함께 한국 장애우 최초로 미국 음대 교수가 되신 바이올리니스트 차인홍 교수님의 참여가 예정된 그 음악회에서 나는 피아노 반주를 맡게 되었습니다.

음악회를 앞두고 행사를 홍보하는 기자회견이 이루어졌고, 두 분 다 각각 한국과 미국에 계시다는 이유로 밴쿠버 현지 신문기자의 인터뷰가 내게로 쏠렸습니다.

인터뷰 자리에서 기자는 첫 질문으로 가족 관계부터 물었습니다. 인터뷰의 딱딱함과 경직됨을 풀고자 그냥 한번 던져본 질문임을 알면서도 나는 예전과 달리 큰아들을 비롯한 자녀들의 이야기를 편안하게 풀어놓았습니다.

"큰아드님이 스물한 살이면 대학에 다니겠네요?"

기자의 질문에 나는 웃으며 고개를 저었습니다.

"아니요. 우리 큰아들은 대학엔 안 다니고요, 장애가 있어서 특수고등학교만 졸업한 상태예요. 그렇지만 우리 아들은 제게 가장 큰 축복이고 우리 집에 하나님의 메시지를 전해주는 천사입니다."

여기까지 얘기하자 기자는 깜짝 놀라며 그 아들에 대해 보다 상세히 알고 싶어 했습니다. 그래서 조셉이 태어난 일부터 시작해서 장애를 알고 난 후 좌절하고 힘들어했던 이야기, 아홉 살 때의 사고 이후 내게 일어난 변화 등을 들려주었습니다. 그러고는 음악회에 관한 여러 정보를 공유하며 인터뷰를 마쳤습니다.

그런데 다음 날 신문 기사를 본 나는 깜짝 놀라고 말았습니다. 음악회를 홍보해야 할 그 신문에는 나와 조셉의 이야기가 대문짝만하게 실려 있는 게 아니겠습니까. 기자가 그저 개인적으로 궁금해서 물어본 거라 생각했던 내 가족의 이야기가 기독신문도 아닌 일반신문에 간증문처럼 실렸다는 건 이례적인 일이 아닐 수 없었습니다.

뜻하지 않게 우리 가족의 이야기가 공개적으로 언론에 나간 것은 지금으로부터 약 10여 년 전, 그때가 처음이었습니다. 그러자 우리 가족을 사랑하시는 한 분이 이에 대해 우려하는 전화를 주셨습니다. 조셉의 이야기가 다른 형제들에게 누가 되진 않겠냐는 염려였습니다.

한번도 그런 생각을 해본 적 없던 나는 당시 LA에서 목회하는 막내동생 이규섭 목사(현 뉴욕 퀸스한인교회 담임목사)에게 전화를 걸었습니다. 막내이면서도 누나인 나를 늘 따뜻하게 위로해주고 때로는 영적인 안내까지 해주었던 동생이라 이번에도 그의 생각이 궁금했습니다.

"조셉 이야기를 꺼내지 말았어야 하는 걸까?"

나의 물음에 동생은 대뜸 이렇게 말했습니다.

"누나, 나는 너무 기뻐."

"응? 기쁘다고?"

"신문에 그런 내용이 나왔다는 건 누나가 이제 조셉을 있는 모습 그대로 받아들였다는 것이고, 그건 누나의 상처가 많이 치유됐다는 거잖아.

난 그게 너무 기뻐. 누나 참 잘했어."

동생의 그 말을 듣자 마음에 힘이 좀 생겼습니다.

그러나 그때까지만 해도, 공개된 조셉의 이야기를 통해 또 다른 하나님의 계획이 펼쳐지리라고는 전혀 예상하지 못했습니다.

3

동생과의 통화가 끝난 직후, 모르는 이로부터 전화가 한 통 걸려왔습니다. 신문을 보고 연락처를 알아내어 다이얼을 돌렸다는 상대방은 밴쿠버로 이민 와서 자폐 아이를 키우는 젊은 엄마였습니다.

어린 장애아를 키운다는 젊은 한국 엄마의 목소리만 들어도 나는 벌써 가슴이 아려왔습니다. 친구도 없고 친척도 없는 낯설고 물선 땅에 이민 와서 장애 아이를 키운다는 게 어떤 것인지 경험하지 않은 사람은 알 수가 없습니다. 이럴 땐 어떻게 해야 하고, 저럴 땐 어떤 마음으로 아이를 대해야 하는지 속 시원히 물어볼 곳 하나 없이 가슴 조이며 살고 있을 것이 분명했습니다. 문화가 다른 외국에서 아이들의 학교생활에 엄마가 어떻게 발 맞춰줘야 하는지에 대해서도 힘들어하고 있을 테지요. 내가 이미 그 시절들을 지내왔기에 나는 우선 그들을 만나면 가슴에 쌓인 눈물부터 펑펑 쏟아내도록 해주고 싶었습니다.

"많이 힘드시죠? 우리 만납시다."

그렇게 해서 나는 음악회가 끝나자마자 전화를 주신 그 분과 또 다른 두 분의 한국 엄마를 한 자리에서 만났습니다. 20여 년 전 한국을 떠나온 이후로 자폐 아이를 키우는 한국 엄마를 직접 만난 것은 나도 그때가 처음이었습니다.

만나자마자 우리는 서로를 부둥켜안고 울었습니다. 그들을 보고 있자니 마치 내 혈육의 눈물을 보는 듯 가슴이 미어졌습니다. 그런데 한참을 울며 이야기를 나누던 도중 우린 신비로운 사실을 발견했습니다. 분명히 처음 만난 사람들인데, 누군가 그 자리에서 한 마디 하면 그게 무슨 뜻인지, 거기에 어떤 위로가 필요한지를 서로 금세 알아듣고 있는 게 아니겠습니까.

고통의 이야기에 공감할 수 있는 가슴이 누구에게나 주어지는 것은 아닙니다. 그 쓰라림을 몸소 겪어보았거나 비웃음 받는 자리에 서보았거나 병을 직접 앓아본 사람이 아니고서는 결코 가질 수 없는 게 공감해주는 귀와 위로해주는 입입니다. 그런데 아픈 아이를 키우는 엄마들과 만나보니 그들에게는 이미 아픔과 고통에 대해, 우리의 무력함에 대해 공감하고 위로할 수 있는 능력이 주어져 있음을 발견할 수 있었습니다. 바로 그렇게 내쳐진 자리에 있어봤기 때문이었습니다.

내 아픔을 아는 누군가가 있다는 사실과 아픔을 겪는 건 나 혼자가 아니었다는 것, 그리고 나처럼 아픈 상대를 돕고 싶어 한다는 걸 우린 서로가 서로에게 느꼈습니다. 3시간 동안 얘기했을 뿐인데 마치 30년 동안 만나온 사람들처럼 서로에게 동화되고 서로에 대해 애틋한 마음이 들었습니다.

"헤어지기가 너무 아쉬워요. 우리 또 만나요."

학교에서 돌아올 아이들을 데리러 가기 위해 자리에서 일어나던 엄마들은 그렇게 말하며 다음을 기약했습니다.

그런데 다음번에 만날 땐 몇 사람이 더 합류했고, 그 다음번엔 또 몇 사람이 더 추가되었습니다. 그리고 만날 때마다 우리의 얘기는 슬픔을 넘어 기도가 되었고, 아픔을 넘어 감사가 되었습니다.

그러다가 결국 그 모임은 1주일에 한 번씩 정기 모임을 갖는 '베데스다 어머니회'(Bethesda Parents Society)로 결성되어 현재까지 10여 년 째 장애우 이민 가정을 섬기는 부모회로 모이고 있습니다.

나는 이 과정을 지켜보면서, 만약 누군가 내게 장애우 이민 가정을 위한 모임을 만들어달라고 갑자기 요청했다면 어땠을지 상상해보았습니다. 아마 그랬더라면 나는 부담도 되고 겁도 나서 도망치지 않았을까 싶습니다.

그런 나를 아시는 하나님께서 우연처럼 조셉의 이야기가 신문에 실리게 하시고, 우연처럼 그 기사를 누군가 보게 하셔서 그들과의 만남을 이끄셨고, 우연처럼 베데스다 어머니회라는 모임을 세워 많은 가정들이 영적으로 세워지도록 인도하셨습니다.

하나님 안에 우연이 있을까요? 예수님께선 참새 한 마리조차 그분이 허락하지 않으면 떨어지는 일이 없다고 하셨습니다. 2003년 10월에 시작된 베데스다 어머니회도 조셉의 기사를 씨앗으로 삼은 하나님의 필연적인 인도하심 속에 그렇게 시작되었습니다. 이 땅 어딘가에서 홀로 울고 있는 자녀들의 눈물을 씻기시려는 하나님의 완전하신 계획 속에서 작은 자들의 모임이 그렇게 시작되고 있었습니다.

4

베데스다 어머니회는 누구에게나 열린 모임이기를 지향했습니다. 그래서 모임을 시작할 때부터 지금까지 기독교인이든 비기독교인이든 장애 아이를 키우는 엄마라면 누구나 참여 가능하도록 했습니다.

그러나 모임의 시작을 하나님께서 이끄셨기에 이 모임의 성격도 하나님을 만나고 그분과 동행하며 자녀들을 잘 키울 수 있는 삶으로 이끄는 데에 맞추게 되었습니다.

이를 위해 우리는 성경공부와 봉사활동, 자녀들을 위한 실제적인 세미나 등을 여는 방식으로 모임을 진행해 나갔습니다. 그런데 어떤 이들은 이런 프로그램 중 봉사활동에 대해 의구심을 가질지도 모르겠습니다. 자기 자녀를 키우는 것만으로도 매우 힘들어하는 엄마들에게 왜 굳이 봉사활동을 권하는지에 대한 이해가 필요할 것입니다.

사실 자폐아 가정의 다양한 사연과 아픔을 보면, 누군가를 위해 봉사한다는 걸 상상할 수 없습니다. 모두가 다 "나보다 더 힘든 사람 있으면 나와 보라"고 말할 수 있을 법한 환경에 놓여 있기 때문입니다. 자폐와 함께 강박증을 앓는 아이도 있고, 우리 조셉처럼 경기를 동반하는 아이들도 더러 있습니다. 유독 잠을 안 자서 부모들마저 잠을 이루지 못하는 경우도 있고, 일반통합학교에 다닐 수 있는 아이와 그렇지 못한 아이들이 있습니다. 이런 가정의 엄마들은 세계 어디에 있든 자신의 고통에 대해 속 시원하게 털어놓지 못하는 극한 외로움까지 안고 살아갑니다.

그래서 나는 우리 베데스다 어머니회에서만큼은 우리의 약함과 고통에 대해 당당하게 풀어놓을 수 있기를 소망했습니다. 아니나 다를까 모임을 시작하고 보니 우리 모임은 자연스럽게 그 방향으로 흘러갔습니다. 아이의 화장실 문제, 밥 먹는 문제, 학교에서 사건을 일으키는 문제 등 우리는 만날 때마다 해결해야 할 아이의 여러 약함에 대한 이야기를 주로 나누었습니다. 그러면 엄마들은 이 얘기에 공감해 줬다가 또 다른 심각한 이야기가 나오면 그 얘기에 귀 기울이며 함께 문제를 풀려고 했습니다.

이것은 세상 모임과는 정반대의 현상이었습니다. 동창회든 어떤 모임이든 사람들이 모이는 곳에선 주로 누가 더 자랑거리를 많이 가졌는가가 화제가 됩니다. 누가 자식을 더 좋은 대학에 보냈고, 누구의 남편 연봉이 더 높은지, 누가 더 좋은 차를 타고 왔는지에 대한 화제가 만발합니다. 서로 경쟁하듯 그런 얘기를 하다보면, 결국은 제일 좋은 대학에 자식을 보낸 엄마나, 제일 높은 연봉의 남편을 둔 아내가 그 모임의 주인공이 됩니다. 그러면 얘기에 동참했던 다른 모든 사람들의 가슴엔 보이지 않는 상처만이 남습니다.

그러나 베데스다 어머니회에선 이와 정반대의 현상이 벌어집니다. 누가 힘든 이야기를 하면 "근데 우리 아이는 그것보다 더 심해요. 우리 아이는 이런 상태예요"라고 말하면 그 엄마가 우리 모임의 주인공이 됩니다. 그리고 그 얘기에 동참했던 다른 엄마들은 가장 힘든 고통을 겪는 그 주인공으로 인해 자신의 짐을 내려놓게 되고, 또 그 주인공을 위해 모두가 마음을 모아 기도하게 됩니다.

성경에서 "아무것도 자랑하지 말되 부득불 자랑한다면 너희의 약한 것을 자랑하라"(고후 11:30 참조)고 한 대로, 우리는 자신의 약함을 자랑하면서 서로의 마음을 치유하고, 또한 약하기 때문에 매순간 하나님을 의지할 수밖에 없는 우리 자신을 발견하며 기도합니다. 또한 우리 모두가 가장 약한 사람을 위해 함께 기도하면서 장차 하나님께서 하실 일들을 기대하곤 합니다.

이렇게 약함을 자랑하고, 약한 자를 돌아보며 기도하는 어머니들, 이 사람들이 바로 베데스다 어머니들입니다. 그래서 나는 그들에게 "나가서 봉사하자"고 말합니다. 우리는 특별히 약한 자리에 있기 때문에 사회적인 지원과 도움도 받아야 하지만, 동시에 아픈 자들에게 다가가 그들의 눈물을 닦아줘야 하는 사람들이라고 강조합니다. 왜냐하면 약한 우리가 아픈 이웃에게 다가가 그들의 눈물을 닦아줄 때 그들의 눈물도, 또 우리들의 눈물도 씻겨 질 수 있기 때문입니다.

5

나는 조셉을 키우는 동안, 우리가 당연히 누리고 사는 모든 것들이 하나님의 크신 은혜로 주어진 것임을 깨달아갔습니다. 내가 말할 수 있는 것, 두 다리로 걸을 수 있는 것도 하나님께서 내게 주신 선물이었습니다. 그렇다면 내게 있는 음악적인 달란트 역시 하나님께서 특별히 주신 선물이라 믿어졌습니다. 그래서 나는 시애틀에 살 때부터 이 음악적인 은사로 어려운 이웃들을 조금이나마 섬기고 싶었습니다. 가장 외로운 사람들이 누구일까, 누구의 가슴에 이 음악을 들려주면 위로받을까를 생각하다가 조셉이 학교에 간 시간에 양로원을 찾아가 피아노를 치곤 했습니다.

밴쿠버로 이사한 후에도 양로시설을 찾았지만 캐나다에선 봉사를 하려 해도 까다로운 신원조회 절차를 밟아야 한다고 하여 어떻게 해야 하나 망설이던 차에 마침 한국 할머니들 이십여 분이 모여 합창단을 한다는 소식이 들려왔습니다. 전 서울영락교회 담임목사님이셨던 임영수 목사님의 어머님이신 김신옥 권사님의 지휘 아래 어느 교회 지하실에 모여 찬양을 부른다는 '시온선교합창단'이 바로 그곳이었습니다.

조금이나마 그분들에게 도움이 되고 싶은 마음, 또 연로하심에도 불구하고 찬양에 대한 지칠 줄 모르는 열정과 김신옥 권사님의 인품을 배우고 싶은 마음으로 그곳의 문을 두드렸습니다. 그러자 그곳에선 피아노 반주자로 섬기려는 나의 작은 봉사를 무척이나 기뻐해주셨습니다. 함께 찬양을 부르다 울기도 하시고 그러다 활짝 웃기도 하시는 할머님들을 뵈니 내 마음의 눈물도 다 씻겨 지는 것 같았습니다.

더욱이 외로우셨던 할머니들은 나를 무척 사랑해주셨습니다. 나를 기다리셨고 나를 귀하게 여겨주셨습니다. 나는 분명 섬기러 간 것이었는데 그분들이 기뻐하는 모습에서, 또 함께 찬양을 부를 때 주어지는 감동과 은혜 속에서 나는 항상 더 많은 걸 받고 집으로 돌아오곤 했습니다. 누구든 하나님을 찬양할 때 마음의 짐을 벗게 되고, 마음의 아픔이 씻겨진다는 사실도 여러 차례 확인할 수 있었습니다.

나중에 권사님께서 은퇴하시고 내가 시온선교합창단의 지휘를 맡은 후에는 조셉이 가끔 찾아와 뒷자리에서 찬양을 듣다 가기도 했습니다. 앞에서 찬양을 지휘하다가 그런 조셉을 보고 있으면 얼마나 힘이 나곤 했는지, 조셉이 연습실로 찾아오는 날이면 나도 모르게 얼굴 가득 미소가 번지곤 했습니다. 합창단의 권사님들 또한 그런 조셉을 매우 사랑해주셔서 함께 사진도 찍고 음식도 갖다 주며 애정을 표현해주셨습니다.

"조셉, 앞으로 나와서 찬양해봐."

누군가 그렇게 조셉을 독려하는 날이면 조셉은 앞으로 걸어 나와 '주는 나를 기르시는 목자'부터 시작해서 찬양을 몇 곡 부르다 가곤 했습니다. 그래서 권사님들은 종종 조셉의 안부를 물어오셨고, 후에 어떤 분은 그 시절을 기억하며 이런 얘기를 하기도 했습니다.

"지휘자님이 조셉을 얼마나 사랑하는지 난 그때 알았어요. 조셉 이야기를 할 때면 지휘자님은 어느 때보다 신나게 얘기를 하셨지요. 조셉 이야기를 할 때 지휘자님이 제일 행복해 보였어요."

그 분의 얘기처럼, 조셉은 나의 기쁨이었습니다. 그리고 그 기쁨을 잃지 않도록 조셉을 양육할 힘을 주는 곳이 바로 시온선교합창단과 함께하는 시간들이었습니다. 나는 합창단을 섬기면서 아이가 학교에 간 몇 시간 동안 집에서 잠시 쉬는 것보다 나의 달란트나 시간을 드려 이웃을 섬길 때 내가 더 큰 에너지와 기쁨을 얻을 수 있다는 걸 배웠습니다.

그래서 베데스다 어머니회를 시작하면서 "우리도 나가서 누군가를 섬기자"고 독려할 수 있었습니다. 감사하게도 우리 모임의 엄마들은 그 말의 의미를 누구보다 잘 알고 있었고, 한 달에 한 번씩은 모두들 봉사활동에 적극 참여하게 되었습니다. 거리의 노숙자들을 섬기기 위해 먼지 풀풀 날리는 재활용품과 중고품들을 모아 팔기도 하고, 외로운 노인분들이나 또 다른 장애 아이들을 돌보는 일에도 시간을 내어 찾아가곤 했습니다.

놀라운 것은, 봉사활동을 하면서부터 엄마들이 더 생기 있게 아이들을 돌보게 되었다는 점입니다. 내 아이를 하나님께 맡긴 채 내게 주어진 시간이나 달란트의 10~20퍼센트를 떼어 다른 이들을 돌아볼 때 오히려 내 아이를 더 잘 돌볼 수 있는 힘과 에너지가 우리에게 돌아온다는 걸, 모든 엄마들이 그렇게 체험하게 되었습니다.

6

다른 장애 단체들이 주로 장애우 당사자들을 위한 프로그램이 많은 반면, 나는 장애 아이를 둔 부모들의 치유와 교육에 집중해야 한다고 생각했습니다. 자폐 자녀를 둔 부모의 고통이 상대적으로 극심하기도 하거니와 그런 부모들이 치유 받고 힘을 내야만 우리 아이들도 잘 자랄 수 있다는 걸 모두가 공감하는 까닭이었습니다.

사실, 자폐 자녀를 키우는 엄마들에게는 많은 상처가 있습니다. 그중에서도 "왜 내게 이런 일이 일어났을까?", "나와 아이는 앞으로 무엇을 위해 살아야 할까?"에 대한 의문은 엄마들을 매우 아프게 합니다. 나 역시 조셉의 장애를 알고 난 후 몇 년 동안 이 질문 앞에 답을 찾지 못해 위축된 삶을 살았습니다. 세상 어디에서도 이에 대한 명확한 답을 주지 않았기에 나는 바람이 불 때마다 이리저리 흔들리기도 했습니다.

그런데 인간을 만드시고 세상을 창조하신 하나님의 말씀 속에 이에 대한 명확한 답이 있었습니다.

예수께서 길을 가실 때에 날 때부터 맹인 된 사람을 보신지라 제자들이 물어 이르되 랍비여 이 사람이 맹인으로 난 것이 누구의 죄로 인함이니이까 자기니이까 그의 부모니이까 예수께서 대답하시되 이 사람이나 그 부모의 죄로 인한 것이 아니라 그에게서 하나님이 하시는 일을 나타내고자 하심이라

요한복음 9:1-3

그 옛날 예수님의 제자들도 날 때부터 맹인 된 장애우를 보고는 우리와 똑같이 질문합니다. 대체 왜 이런 일이 그에게 일어났냐는 것입니다.

그런데 원인을 캐묻는 제자들에게 예수님께선 부모의 죄 때문도 아니고 그 자신의 죄 때문도 아니라고 명확히 말씀하십니다. 그리고는 맹인으로 태어난 사람의 삶의 방향에 대해 말씀해주십니다.

"그에게서 하나님이 하시는 일을 나타내고자 함이다."

이 말씀은 우리에게 찾아온 고통이나 고난의 문제를 어떻게 해석해야 하는가에 대한 답이 됩니다. 즉, 우리에게 찾아온 고난은 누구누구의 죄 때문이라고 단정할 수 없으니, 우리에게 고난이 찾아오면 그 원인을 찾느라 씨름하지 말고, 고난 중에도 하나님께서 하시는 일, 즉 하나님의 영광을 나타내기 위한 일에 삶의 방향을 두라는 뜻입니다. 그가 맹인으로 태어난 것은 그에게서 하나님이 하시는 일을 나타내시기 위한 하나님의 계획 속에 이루어진 일이기 때문입니다.

"왜 내게 이런 일이 일어났을까?"

"나와 아이는 앞으로 무엇을 위해 살아야 할까?"

이 두 가지 질문에 대한 예수님의 답은 이처럼 명확했습니다. 우리 아이들은 슬픔을 찬송으로, 절망을 기쁨으로, 한탄을 감사로, 미움을 사랑으로 바꾸시는 '하나님의 영광'을 나타내기 위한 계획 속에 이 땅에 태어났으니 앞으로도 그 영광을 위해 살면 되는 것이었습니다.

나는 성경에 기록된 이 말씀의 의미를 깨닫게 된 후 베데스다 어머니회에서도 이런 내용을 나누며 서로를 격려했습니다. 우리의 자녀들은 그렇게 특별하고 귀한 아이들이므로 앞으로 이 아이들에게서 반드시 하나님이 하시는 일들이 나타날 거라고 하면서 말입니다.

그런데 이 말씀을 나눈 얼마 뒤, 베데스다 어머니회의 총무이셨던 지환이 어머니가 내게 다가와 말했습니다.

"저는 지금까지 제 업보로 인해 우리 아이가 장애를 갖고 태어났다고만 생각했어요. 그 때문에 죄책감도 많았고 아이를 볼 때도 늘 속상한 마음이 컸어요. 그런데 여기 와서 보니까 예수 믿는 엄마들은 전혀 다르게 생각하더군요. 이 아이들은 하나님이 실수해서 태어난 것도 아니고, 엄마의 업보 때문에 태어난 것도 아니라 하나님의 영광을 나타내기 위해 태어났다고 믿는 거예요. 그리고 그런 엄마들을 보니 고통 중에도 기쁘게 살아가더라고요. 회장님, 나도 그렇게 살아갈 수 있을까요?"

이 분은 처음 식당에서 만나 식사를 앞두고 기도하자고 했을 때, "음, 저는 다른 종교를 믿어 이런 기도 안 하는데요?"라고 말했던 사람이었습니다. 그랬던 이 분이 "나도 예수 믿는 엄마들처럼 살고 싶다"는 얘기를 하니 내가 얼마나 기뻤겠습니까. 이분에게 릭 워렌 목사님의 책《목적이 이끄는 삶》을 읽어보라고 추천해주고는 우리와 함께 성경을 더 공부해 보자고 제안했습니다.

그러자 얼마 안 있어 놀라운 일이 벌어졌습니다. 성경을 읽어 내려가던 이 분이 마침내 예수님을 그리스도로 믿게 된 것이었습니다. 놀라움은 여기서 그치지 않았습니다. 이 분은 자신이 예수님을 믿게 되면서부터 누가 베데스다에 찾아오든 복음을 소개하는 일에 가장 뜨거운 열정을 보였습니다. 그러더니 한 날은 이런 결단까지 하는 게 아니겠습니까?

"저의 친정도 그렇고 시댁도 그렇고 양가 부모님 모두 하나님을 모르는 분들이에요. 저는 이제 예수님을 믿고 기쁘게 살고 있는데…, 아무래도 한국에 나가서 먼저 친정 부모님께 이 구원의 복음을 전하고 와야겠어요."

예수님을 믿은 지 얼마 안 된 분이 부모님과 동생들에게 복음을 전하기 위해 한국에까지 나갔다가 들어오는 그 모습에 우리 모두는 충격적인 감동을 받지 않을 수 없었습니다. 나중 된 자가 먼저 된다는 성경말씀이 이 분을 두고 하는 말씀이라는 데에 모두가 동의할 정도로 이 분은 범사에 그리스도를 인정하는 믿음으로 자라갔습니다.

그렇게 베데스다의 산 증인이 되다시피 한 이 분이 어느 날 내게 다가와 불쑥 이렇게 말했습니다.

조셉은 선교사인가 봐요.

조셉 때문에 제가 여기까지 와서 예수님을 믿었으니

아무래도 조셉은 선교사인 것 같아요.

"회장님, 조셉은 선교사인가 봐요. 조셉이 없었더라면 베데스다도 시작이 안 되었을 거고, 그러면 저도 예수님을 영영 몰랐을 거 아니에요. 조셉 때문에 제가 여기까지 와서 예수님을 믿었으니 아무래도 조셉은 선교사인 것 같아요."

7

조셉이 선교사인 것 같다는 그 분의 말을 듣자 나는 누가 내 뒤통수를 세게 친 듯한 충격에 철퍼덕 주저앉고 말았습니다. 총무님의 그 말, 조셉이 선교사인 것 같다는 그 말은, 조셉을 태중에 가졌을 때 다른 사람에겐 이야기하지 않고 남편과 둘이서만 하나님 앞에 서원했던 기도의 내용이라 남편 외에는 누구도 모르고 있었기 때문이었습니다.

"하나님께서 원하신다면 첫 열매로 주신 이 아이를 목회자나 선교사로 키우겠습니다."

하나님 앞에 이렇게 기도했던 나는 조셉의 장애를 알고 난 이후 그 누구에게도 입을 열어 이 기도에 대해 말하지 못했습니다. 자폐를 가진 우리 아이가 선교사역을 감당할 수 있다고는 꿈조차 꿀 수 없었기 때문입니다.

그런 내게 하나님께선 한 엄마를 통해 하나님의 생각을 들려주셨습니다. 조셉을 향하신 하나님의 마스터플랜을 알려주셨습니다.

'그렇군요, 하나님. 하나님께선 조셉을 우리 가정의 선교사로, 또 다른 장애우 가정의 선교사로 부르고 계셨군요. 조셉이 우리 가족 모두를 하나님께로 가까이 인도했고, 또 조셉이 베데스다 엄마들에게 복음의 통로가 되어주고 있었네요. 우리는 학식이나 지식이 뛰어나야 하나님의 일을 할 수 있다고 여기지만, 정작 하나님께선 가장 약하고 작은 자를 부르시어 하나님의 복음을 전하고 계셨네요.'

그러고 보니 어느 날 밤 예레미야서 29장 11절을 통해 주셨던 하나님의 약속은 이미 실현되고 있었습니다. 조셉을 향해 특별한 계획을 갖고 계시다는 하나님의 그 말씀은 이미 우리 앞에 펼쳐지고 있었습니다. 나는 이 사실 앞에 밀려오는 기쁨과 평안을 감당할 길이 없었습니다.

chapter 07

화평케 하는 작은 자

1

하나님의 크고 높고 깊은 생각을 우리의 작은 머리로 어떻게 다 헤아릴 수 있을까요? 나는 그간 알지 못했던 하나님의 생각과 계획의 한 부분을 알게 되면서 하나님의 섭리에 대한 경이로움에 말을 잇지 못했습니다.

무엇보다 예수님을 좀체 받아들이지 않으려는 이 세상에서, 말도 잘 하지 못하는 조셉을 통해 복음의 열매가 맺혀지고 있음을 발견하자 조 셉이 얼마나 축복된 인생을 살고 있는지가 느껴졌습니다. 우리가 자녀 들에게 궁극적으로 바라는 게 무엇이겠습니까? 이 땅에서 하나님의 영광 을 나타내고 그분을 기뻐하며 행복하게 살다가 영원한 천국에서 예수님 과 더불어 영원히 사는 것이 아니겠습니까?

그런데 조셉이야말로 그런 인생을 살고 있었습니다. 조셉은 하나님을 기뻐했고, 하나님의 마스터플랜 속에서 그분이 하시는 일을 나타냈으 며, 지상에서의 상급이 아니라 하늘나라의 상급을 바라며 사는 길 위에 서 있었습니다.

이것은 비단 조셉만의 이야기가 아니었습니다. 거짓과 사기와 온갖 권모술수가 가득한 이 세상에서 우리 아이들은 그와 같은 죄와 악을 품을 줄을 몰랐습니다. 거짓말이 뭔지 모르는 아이들, 악한 의도를 품는 것, 두 마음을 품는다는 게 무엇인지 도무지 모르는 아이들이 바로 조셉과 같은 아이들이었습니다. 그래서 나는 베데스다 아이들의 깨끗한 눈망울을 볼 때마다 엄마들에게 이렇게 말하기도 했습니다.

"이 아이들이 나중에 천국에 가면 하나님께서 제일 좋은 자리를 주실 거야."

이 말대로 아이들의 자폐적 특성은 부모인 우리에게 고통이나 불편함만을 주는 게 아니었습니다. 이 아이들은 장애를 가짐으로써 세상 사람들과는 달리 죄 짓는 데에 언제나 느렸고, 나는 그런 우리 아이들의 특성이 하나님나라에선 크나큰 장점이란 걸 발견하게 되었습니다.

그러다보니 나나 우리 엄마들은 가끔씩 아이들의 자폐적 특성에서 나오는 순진무구한 행동들에 대해 얘기할 때 눈물이 아닌 한바탕 웃음으로 표현하는 여유까지 갖게 되었습니다.

언젠가 한번은 어느 목사님과 식사를 하게 되었는데 그때도 조셉은 방귀가 나오려고 하자 평소 습관대로 자리에서 벌떡 일어나 정식으로 방귀를 뀌고는 자리에 앉았습니다. 그러자 목사님이 조셉을 보며 이렇게 말씀하셨습니다.

"야 조셉, 너는 좋겠다. 방귀 뀌고 싶을 때 아무데서나 방귀를 뀌니 나는 네가 참 부럽다.”

목사님의 그 말씀에 그 자리에 있던 우리 모두 얼마나 크게 웃었는지 모릅니다. 그렇게 웃을 수 있을 만큼 어느덧 우리는 조셉의 순진함에서 오는 우스꽝스런 행동들도, 또 세상 사람들과는 판이하게 다른 순수한 표현들도 모두 사랑하게 되었습니다. 그 모습 그대로의 조셉이 좋고 사랑스러웠습니다.

그리고 보면 조셉은 인간을 지으신 하나님의 목적하심을 따라 살고 있는 일면이 많았습니다. 하나님께서 아이를 통해 그리시려는 하나님의 영광을 위해 조셉은 깨끗한 종이 그대로 자신을 내어드렸고, 자기 자신이 하나님의 영광을 대신 취하려 해본 적이 없었습니다.

나는 그런 조셉이 더욱 귀하게 느껴져서 어디를 가나 조셉의 손을 잡고 다니며 조셉을 사람들에게 소개하곤 했습니다. 만나는 사람 누구에게나 ‘이렇게 귀한 아들이 여기 있노라’는 마음으로 조셉을 소개했습니다. ‘조셉, 너는 선교사야. 너는 하나님께서 특별한 계획을 갖고 이 땅에 보내신 너무나 귀한 아이야’라는 무언의 메시지를 조셉에게 보내면서 말입니다.

엄마의 그런 마음이 조셉에게도 전달이 되었던 것일까요. 자신이 사람들에게 인정받고 있다는 걸 조셉도 느끼고 있구나 싶더니, 어느 순간부터 조셉은 하루가 다르게 달라져 갔습니다.

사춘기 때 나타났던 강박적 증상들이 사라졌습니다. 사춘기가 되면서 조셉은 뭐든 깔끔하게 정리 정돈을 하려 했습니다. 특히 손톱, 발톱은 너무 끝까지 깎아내는 바람에 때론 피가 나고 곪을 정도가 되기도 여러 번이었습니다. 그 모습이 가슴 아파서 손발톱을 바짝 깎지 못하게 하면 조셉은 그걸 너무나 못 견뎌했습니다. 그런데 청년기로 접어들자 조셉의 그런 모습들이 어느새 자취를 감추었습니다. 일을 저질러 우리를 당황스럽게 하던 돌방행동들도 사라졌습니다. 한 마리 착하고 순한 양 같아졌다고 해야 할까요.

조셉이 무얼 하든 어디를 가든, 조셉은 그 누구보다 신사적으로 행동했습니다. 의자가 비뚤게 놓여 있으면 가서 정리를 하고, 휴지가 떨어져 있으면 휴지를 주워 쓰레기통에 넣었습니다. 누구를 만나든 부드럽게 미소를 띠우며 "Hi, How are you? My name is Joseph. What is your name?"이란 인사도 잊지 않았습니다. 조셉은 더 이상 어린 시절 단 몇 초도 가만히 앉아 있지 못하던 그 아이가 아니었습니다.

조셉에게 찾아온 이와 같은 변화는 베데스다 어머니회를 하면서 하나님의 계획을 발견한 시점과 맞물려 찾아왔습니다. 조셉의 인생에 두 번째 터닝 포인트라 할 만한 이때를 기점으로 조셉은 그렇게 달라져갔고, 그에 따라 조셉에겐 '젠틀맨'(gentleman, 신사)이라는 새로운 별명도 생겼습니다.

젠틀맨이 된 조셉. 건장한 청년으로 자란 조셉의 청춘은 어느덧 그렇게 꽃망울을 맺어가고 있었습니다.

조셉을 사람들에게 소개하면서부터 남편과 나는 조셉으로 인해 많은 선물을 받았습니다. 그중 하나가 조셉 때문에 사람 사이의 벽을 허물고 마음의 친구를 얻을 수 있게 되었다는 점입니다.

남편은 사업 관계로 해외에서 주요 인사들을 접견할 때가 가끔 있습니다. 한번은 어느 나라에서 최고위 정치인과 식사를 하는 자리가 마련되었는데 그 자리에서 남편은 가족 이야기를 하다가 조셉의 이야기를 자연스럽게 꺼내게 되었던가 봅니다. 그러자 그 분께서 사춘기를 겪는 자기 자녀의 이야기를 꺼내며 고민을 털어놓더랍니다.

그 일을 계기로 그 분과 남편은 사업적인 관계를 뛰어넘는 친구 관계로 발전할 수 있었습니다. 나중에는 그 분의 부인이 밴쿠버에 왔을 때 우리 집에 들러 함께 기도하고 격려할 만큼 온 가족이 친구 사이로 발전하였습니다. 지위고하를 막론하고 고통과 어려움이 없는 사람이 없는 법인데, 사람과 사람 사이에 놓인 벽을 무너뜨리고 서로의 어려움을 위로하는 친구가 될 수 있도록 조셉은 그렇게 가교 역할을 해주었습니다.

몇 년 전에도 그런 일이 있었습니다. 그날 나는 조셉과 함께 평소 잘 알고 지내던 목사님이 운영하신다는 노숙자 지원센터를 방문하기 위해 길을 나섰습니다. 정확한 주소도 없이 그저 지원센터의 이름만 듣고는 노숙자들이 많이 살고 있는 헤이스팅스 거리로 가서 대강 이 지점이려니 하고 차를 세운 채 간판을 찾았습니다.

뿌옇게 안개가 낀 밴쿠버 겨울 오후의 헤이스팅스 거리는 칙칙하고 음산했습니다. 그런데 조셉이 어디론가 사라져 보이지 않았습니다.

'어? 조셉이 어디 갔지?'

깜짝 놀란 내가 주변을 살펴보니 조셉은 이미 노숙자들이 모여 있는 곳에 가 있었습니다. 밴쿠버 거리의 노숙자들이 모여 있는 그곳에는 알콜중독자나 마약중독자들도 많이 섞여 있던 터라 덜컥 겁이 났습니다. 그 분들을 섬기기 위해 간 것은 맞지만, 돌발적인 사건이 날 가능성이 높은 곳이다 보니 두려움이 밀려왔습니다. 그런데 조셉은 아무런 두려움도 없이 혼자 성큼성큼 앞으로 걸어 나가더니 한 노숙자 앞에 멈춰 서는 게 아니겠습니까. 그러더니 별안간 그에게 손을 내밀며 인사를 합니다.

"Hi! How are you? My name is Joseph. What is your name?"

그 모습을 본 나는 너무 놀라서 발이 떨어지지 않았습니다. 저러다가 해코지라도 당하면 어쩔까 싶은 마음에 뛰어가서 아들을 데리고 올까 싶으면서도, 얼른 판단이 서지 않아 좀 더 지켜보았습니다.

미소를 지으며 악수를 청하는 조셉과 그런 조셉을 물끄러미 쳐다보는 그 사람 사이에 잠시 적막이 흐르는 듯했습니다. 자칫 시비라도 붙을 수 있는 일촉즉발의 그 순간, 내가 침을 꼴깍 삼키며 바라보는 사이, 앉아 있던 그 사람이 빙그레 웃더니 아들의 내민 손을 잡고 말했습니다.

"My name is Peter."

그 사람의 대답에 조셉의 얼굴이 활짝 펴졌습니다. 그러더니 조셉은 마치 사명을 완성한 사람마냥 뿌듯한 표정으로 내게 성큼성큼 걸어왔고, 악수를 받아줬던 그 사람은 그렇게 걸어오는 조셉의 뒷모습을 바라보며 빙그레 웃고 있었습니다.

아, 조셉···. 해맑게 걸어오는 조셉을 보고 있자니 내 마음 안으로 무언의 메시지가 물밀듯이 밀려왔습니다.

'조셉, 우리는 살면서 얼마나 많은 판단을 하며 사는지 몰라. 사람의 외모만 보고 저 사람은 내가 먼저 가서 얘기해도 될 사람, 혹은 얘기해선 안 될 사람을 판단하곤 하지. 그런데 너는 상대방의 외모가 어떻든 똑같이 다가가 먼저 손을 내미는구나.

그래, 조셉. 그게 예수님의 마음이었어. 예수님도 누구에게나 먼저 다가가서 말씀하셨지. My name is Jesus. What is your name? 하고 물으시면서 우리가 문을 열어 그분의 손을 잡고 가기를 바라시지.

조셉, 네가 바로 그 예수님의 마음을 내게 알려주고 있구나. 누구에게든 먼저 다가가 문을 두드리며 기다리시는 예수님의 그 마음을····.'

이런 감동이 밀려들자 조셉이 내게 얼마나 큰 축복의 선물로 찾아온 아이인지 깨달아졌습니다. 조셉이 없었다면 완악하고 교만하기만 한 내가 지금쯤 어떤 자리에서 어떤 모습으로 살아가고 있었을까요. 그저 내 안위와 성공만을 추구하며 살아가다가 끝났을지도 모를 내 인생에, 조셉은 우리를 그토록 사랑하시는 예수 그리스도의 마음을 알도록 안내해주는 아이였습니다. 그래서 나는 싱글벙글 웃으며 내게 돌아온 조셉에게 엄지손가락을 치켜올리며 말했습니다.

"조셉, 너는 정말 최고야. 너는 정말 엄마의 선생님이야."

엄마의 칭찬에 기분이 더 좋아진 조셉은 의기양양한 표정을 지어 보였습니다. 나 역시 그런 조셉의 손을 꼭 잡고 어깨를 편 채 그 거리를 씩씩하게 걸어갔습니다.

3

누구에게나 먼저 인사를 건넬 줄 아는 그 작은 능력만으로도 조셉은 많은 사람을 화평케 해주었습니다. 특히나 심각한 병을 갖고 찾아온 이들이 대부분인 신경외과 대기실에서 조셉의 그 능력은 진가를 발휘했습니다.

젠틀맨이란 별명이 붙을 정도로 멋있게 자라준 조셉이었지만, 여전히 경기라는 병이 끈질기게 따라다니고 있었습니다. 그 때문에 조셉과 나는 신경외과 병동을 두드리는 일이 잦았고, 그때마다 엄마인 내 마음은 가라앉을 수밖에 없었습니다. 그런데 신경외과 대기실에 앉아 순서를 기다리고 있노라면 그런 심정은 비단 나뿐만이 아님을 발견할 수 있었습니다. 뇌에 관련된 질병들이어서 그런지 그곳에 찾아온 환자나 보호자들 사이엔 언제나 싸늘한 냉기와 무거운 침묵이 감돌았습니다.

그러나 조셉은 달랐습니다. 조셉은 어느 병원, 어느 신경외과에 들어서든 무겁게 가라앉은 사람들 사이를 다니면서 그 많은 사람들에게 일일이 악수를 청하곤 했습니다.

"Hi! How are you? My name is Joseph. What is your name?"

조셉이 침묵을 깨뜨리며 인사를 건네면 환자나 보호자들은 엉겁결에 그 인사를 받아 대답합니다.

"My name is Tom."

그러면 조셉은 그 옆 사람에게도 묻습니다.

"Hi! How are you? My name is Joseph. What is your name?"

"My name is William."

이렇게 조셉이 모든 사람들에게 이름을 물으며 인사를 나누면, 어느덧 병원 대기실에 앉아 있는 사람들의 얼굴에는 웃음이 피어납니다. 미소 짓지 않은 채 서로 인사를 나눌 수는 없는 법이니까요. 그러다 나중에는 서로의 이름까지 다 알게 됩니다. 조셉이 대기실에 있을 때마다 돌아다니며 통성명을 하는 바람에 그들 모두가 서로의 이름을 외우게 된 것입니다. 그 덕분에 어느 날부터인가 그곳은 병원 대기실이 아니라 화기애애하게 서로의 안부를 물으며 이야기를 나누는 카페가 되었다는 걸 발견할 수 있었습니다.

"탐, 너 요새 어때?"

"윌리엄, 너는 어디가 아파서 병원에 왔어?"

무겁게 가라앉았던 대기실이 어느새 시끌벅적한 친교 장소로 변하면,

그제야 조섭은 자기 할 일을 다 했다는 듯 자신의 자리로 돌아가 얌전히 순서를 기다리곤 했습니다.

"화평하게 하는 자는 복이 있나니 그들이 하나님의 아들이라 일컬음을 받을 것임이요"(마 5:9)라 했던 말씀이 조섭의 삶에 이루어지고 있었던 것일까요. 젠틀맨이 된 조섭은 청년 시절 내내, 어디를 가나 그렇게 서로를 친구로 맺어주는 일에 앞장서고 있었습니다. 상대방의 이름을 묻는 그 작은 능력 하나만으로, 편견 없이 사람을 대하는 그 순수한 마음 하나만으로 조섭은 사람들을 화평케 하고 있었습니다.

4

조섭이 토요일마다 가던 밀알학교에서 나영지 선생님을 만나게 된 이후, 우리에겐 큰 변화가 찾아왔습니다. 내가 외국으로 나갈 때마다 조섭이 며칠씩 혹은 일주일씩 그 선생님과 시간을 보내다가, 나중에는 아예 선생님과 함께 주중을 보내고 주말에만 우리와 함께 보내는 것으로 시간을 편성한 것이 그 변화였습니다. 마침 우리는 조섭과 같은 장애우들을 위한 공동체 건립을 꿈꾸며 세 채의 집이 예쁘게 지어진 넓은 목장지대를 마련해놓았던 터라 한 채에는 그 선생님 가정을, 또 다른 한 채에는 다른 장애우들을 맡아 레스파이트 프로그램(매일 일정 시간 혹은 휴일 동안의 위탁보호 프로그램)을 진행해주실 또 다른 특수교육 전공 선생님을, 그리고 나머지 한 채에는 조셉을 머물게 할 수 있었습니다.

사실 이것은 오랫동안 간구했던 내 기도에 대한 응답이기도 했습니다. 아이 나이 20세가 넘으면 장애우든 비장애우든 독립을 권장하는 캐나다의 사회적인 분위기도 있었고, 나 역시 오래 전부터 부모인 우리가 떠난 뒤의 조셉을 늘 염두에 뒀었기에, 이제는 청년이 된 아들을 위해 어떤 식으로든 독립을 준비시켜줘야만 했습니다. 그런데 오랫동안 기도했던 내용 그대로, 좋은 한국인 선생님을 만나 한국말을 하고 한국 음식을 먹으며 돌봄을 받게 되었으니 얼마나 감사했는지 모릅니다.

그곳에서 조셉은 선생님과 함께 생활하며 자전거, 배드민턴, 수영 등의 운동을 하고, 평소 조셉을 위해 기도해주셨던 어느 목사님께 큐코드(전자하프)도 배우며 찬양하느라 하루하루를 바쁘고 즐겁게 지냈습니다.

이런 변화가 찾아오면서 나는 주중에도 집에서 가까운 교회를 찾아 새벽기도회에 참석할 수 있었습니다. 오랫동안 조셉 곁에서 늘 비상대기 상태로 지내느라 가고 싶어도 가지 못했던 새벽기도회. 지금 생각하면 주님께서 그때부터 하나님나라만을 바라보며 살도록 나를 준비시키신 게 아닌가 싶습니다. 참으로 귀하게 허락된 그 기도의 자리에 앉을 때마다 나는 조셉과 베데스다 아이들의 이름을 주님께 아뢰는 것으로 첫 기도를 시작했습니다.

"조셉과 이 아이들을 주님 손에 맡깁니다. 이 아이들을 사랑하시는 주님께서 조셉과 이 아이들의 앞길을 인도해주세요."

조셉 역시 평생 장애로 인해 표현할 수 없었던

자신의 외로움과 고통을 다윗의 시편을 빌려 대신

하나님 앞에 토로했을지도 모릅니다.

그리고 그때마다 조셉의 영혼은 상한 심령을 싸매시고 안으시는

하나님 아버지의 사랑어린 손길을 경험하고 있었는지도 모릅니다.

5

그렇게 내가 새벽기도로 하나님께 더 가까이 찾아가던 그 무렵, 조셉은 조셉대로 성경을 쓰며 하나님께 더 가까이 다가가고 있었습니다. 조셉의 필기체를 본 나 선생님의 격려와 정성에 힘입어 어린이성경을 쓰는 것에서 시작된 성경 쓰기는 150편의 시편 쓰기로 이어졌습니다.

'조셉이 이걸 다 쓸 수 있을까?'

내심 이런 걱정이 들 만큼 조셉의 성경 쓰기는 힘겨워 보였습니다. 한 자 한 자 써내려가는 속도도 보통 사람보다 몇 배나 느렸고, 글씨를 쓰는 동작 자체도 편안해 보이지 않았으니까요.

그러나 이런 우려와 달리 조셉은 시편 한 자 한 자를 따라 쓰고 마침표 하나를 찍는 것까지 정성을 다해 즐겁게 써내려갔습니다. 하루의 일정을 시편을 보고 따라 쓰는 것으로 시작했을 뿐더러, 초반에는 시편 쓰기를 너무 좋아한 나머지 하루에 7시간을 성경 쓰기에 몰두할 정도였습니다. 그러던 어느 날에야 "손 아파"라고 말하더니 7시간 성경 쓰기는 무리인 줄 아는 듯 그 다음부터는 하루에 한 페이지씩만 쓰기로 스스로 결정하기도 했습니다.

조셉이 그렇게 몇 시간 동안 무언가에, 그것도 지루하게 느낄 법한 성경 쓰기에 지속적으로 몰두한다는 것은 놀라운 일이었습니다. 한 자 한 자 힘겹게 성경 말씀을 썼다가, 혹여 잘못 쓰여진 게 발견되면 그것을 지우고 또 다시 말씀 한 구절 한 구절을 정성스레 써내려가는 조셉을 보고 있노라면, 거기엔 뭔가 특별한 비밀이 숨겨 있는 듯 보였습니다.

더욱이 조셉은 그 즈음에도 경기로 인해 심한 고통을 받고 있었습니다. 잠자는 중에도 몇 번씩 경기를 했던 터라 그런 다음 날이면 정신을 차릴 수 없을 정도의 피로감 때문에 무엇에도 집중하기가 어려워 보였습니다. 그러나 조셉은 그런 날에도 어김없이 시편을 쓰는 것으로 하루를 시작하곤 했습니다.

물론 그런 날이면 영어 스펠링이 다른 때보다 더 많이 틀리고, 말씀도 몇 구절 빠뜨린 채 다음 구절을 쓰거나 썼던 말씀 구절을 또 다시 반복해서 쓰기도 했습니다. 하지만 얼마 안 있어 잘못 쓰인 부분을 발견하면 지우개를 들어 그 부분을 지우고 고쳐 적는 데 최선을 다했습니다. 그러다 보니 조셉이 실제로 쓴 성경 노트에는 지웠다 썼다를 반복하며 말씀 그대로를 정확하게 받아 적으려 했던 인고(忍苦)의 흔적이 그대로 남아 있게 되었습니다.

6

조셉은 왜 그토록 힘든 중에도 시편 쓰기를 포기하지 않았던 것일까요. 나는 하루에 두세 시간씩 성경 쓰기에 집중하는 조셉을 볼 때마다 그 시간 동안 우리가 알지 못하고 세상이 줄 수 없는 성령의 깊은 위로를 경험했던 것은 아니었을까 생각하곤 했습니다. 사울 왕에게 쫓겨다니며 때론 미치광이 노릇까지 해야 했던 다윗이 시편을 쓰며 처절한 외로움과 고통을 하나님 앞에 토로했듯이, 조셉 역시 평생 장애로 인해 표현할 수 없었던 자신의 외로움과 고통을 다윗의 시편을 빌려 대신 하나님 앞에 토로했을지도 모릅니다. 그리고 그때마다 조셉의 영혼은 상한 심령을 싸매시고 안으시는 하나님 아버지의 사랑어린 손길을 경험하고 있었는지도 모릅니다.

만개한 꽃과 같던 청춘의 그 시절, 조셉은 그렇게 "여호와는 나의 목자시니 내게 부족함이 없으리로다"라고 고백했던 다윗의 시편을 필사하는 것으로 인생의 절정기를 보내고 있었습니다. 그리고 2012년 봄, 조셉은 마침내 그 아름다운 글씨체로 총 150편의 시편 필사 작업을 완성해 내었습니다. 시편을 쓰기 시작한 지 1년 반 만에, 한 자 한 자 자신의 신앙을 고백하듯 힘을 다하고 정성을 다하고 뜻을 다하여 써내려간 조셉의 시편은 필생의 과업처럼 그렇게 완성될 수 있었습니다.

chapter 08

조셉, 너는 어디로

1

2012년에 들어서면서 우리 가족은 보다 적극적으로 조셉의 경기를 고치기 위한 방법을 찾기 시작했습니다. 그러던 중 미국의 한 병원에 한 달간 입원해 수술 가능 여부를 검사받았고, 병원 측에선 뇌의 발작 부위가 여러 군데 퍼져 있어서 수술하기엔 매우 위험 부담이 따른다는 진단을 내렸습니다.

혹시나 하고 기대했던 마음에 실망감이 찾아들었지만 새로운 약을 찾아서 조셉의 경기를 잡아보자는 얘기에 마음을 다시 추슬렀습니다. 그리고 그때부터는 조셉에게 맞는 약을 찾기 위해 이전 약을 서서히 줄여가면서 새로운 약으로 서서히 용량을 높여 복용하는 방식의 싸움을 계속 해나갔습니다.

약을 바꾼 후 조셉의 상태는 많이 좋아진 듯 보였습니다. 어떤 때는 2주 동안 한 번도 경기를 하지 않아서 '조셉이 다 나았나?' 싶은 마음까지 들기도 했습니다. 하지만 조셉은 곧 경기를 했는데, 그것도 낮에 한 번씩 심하게 경기를 일으켰습니다. 밤에 경기를 하지 않으면 잠을 푹 잘 수 있어서 조셉이 상쾌하게 하루를 열 수 있다는 장점이 있었습니다. 하지만 낮에 한 번씩 크게 경기하는 건 매우 위험한 일이라, 그것을 고치기 위한 방도를 백방으로 알아보고 다녔습니다.

한편, 그 즈음 우리 부부는 주중에도 조셉과 함께 지내게 되었습니다. 살던 집이 보수공사를 시작하면서 우리가 조셉의 집으로 들어가 6개월 정도를 함께 보내게 된 것입니다.

장애우들을 위한 공동체 건립의 꿈을 갖고 구입한 목장은 정말 아름답고 평화로운 곳이었습니다. 세 개의 커다란 호수에는 가지각색의 잉어들이 한적하게 춤을 추며 자유의 나래를 펼쳤고, 넓은 풀밭에는 풀을 뜯어 먹는 소들이 한가롭게 여유를 즐기곤 했습니다.

그런 곳에서 조셉과 함께 보낸 봄, 여름의 시간들은 우리에게 주어진 특별한 선물이었습니다. 특히나 이때 조셉은 아빠와 함께하는 추억의 시간들을 보너스처럼 누렸던 것 같습니다. 늘 사업에 바빠서 조셉과 많은 시간을 보내진 못했지만, 어딜 가든 조셉을 데리고 다니려 했고 언제나 조셉의 이야기를 꺼내는 데 주저함이 없었던 남편은, 그 즈음 하나님 앞에서도 의미 있는 시간들을 많이 가졌던 것 같습니다.

그는 선교사를 돕는 선교사가 되기 위해 여러 모로 애를 썼지만 과부가 두 렙돈을 드리듯 자신의 전부를 드려 하나님의 일을 하지 못하는 스스로를 부끄러워했습니다. 그래서 혹시라도, 어느 누구를 막론하고 외

"조셉이 제일 잘 컸어. 우리 중 제일 문제없는 애가 조셉인 것 같아."

내가 가족들에게 종종 이런 말을 할 만큼

조셉은 그 시절 싱그러운 초록의 잎사귀로 피어나 하늘을 향해 반짝이며

춤추는 집 앞의 나무들처럼, 인생 최고의 시간을 보내고 있었습니다.

모로 사람을 대하는 교만함은 없었는지, 또 주신 물질을 하나님의 뜻에 맞게 잘 사용하고 있는지 늘 자신을 돌아보곤 했습니다.

남편은 입버릇처럼 "조셉은 우리집 선교사인가봐"라는 말을 자주 했습니다. 조셉으로 인해 남편도 예수님의 마음을 조금이나마 더 알게 되었기 때문입니다. 그래서인지 그 6개월 동안, 남편은 조셉과 보내는 시간을 참 행복하게 여겼습니다. 특히 부자(父子)가 함께 산책하는 토요일의 아침 시간을 남편도, 조셉도 무척이나 즐거워했습니다. 핑크빛 체리트리로 황홀하게 물든 집 앞 산책로에서 조셉은 어린 시절에 아빠가 가르쳐준 자전거를 타며 웃었고, 아빠와 함께 계절마다 피어나는 이름 모를 들꽃들 사이를 걸었습니다. 아빠와 아들이 함께 만드는 추억의 그 풍경들은 마치 천국의 한 장면처럼 눈부시게 빛났습니다.

ㄹ

그 시절, 조셉에겐 획기적인 사건이 생겼습니다. 한 장애우 단체에서 성년 장애우들 간의 좋은 만남을 위해 마련한 'Circle of Friends'라는 프로그램을 통해 조셉이 처음으로 여자친구를 얻게 된 것입니다.

조셉의 미소를 보고 한눈에 반해 호감을 표시한 그 친구는 레이첼이라는 이름을 가진 예쁜 캐나다 아가씨였습니다. 지적장애를 가진 조셉과 달리, 레이첼은 몸의 반쪽을 못 쓰는 신체장애를 갖고 있었는데 성격

도 참 건강하고 밝아서 조셉을 향한 자신의 감정을 솔직하게 표현하곤
했습니다.

조셉도 자신에게 호감을 표하는 레이첼이 좋은 모양이었습니다. 레이
첼이 조셉에게 다가가 슬며시 조셉의 손을 잡으면 조셉은 그 손을 뿌리
치지 않고 가만히 웃으며 서 있곤 했으니까요.

한번은 양쪽 선생님의 주선으로 발렌타인데이에 조셉이 레이첼이 있는
곳에 찾아가 장미꽃과 초콜렛을 깜짝 선물로 준 적도 있었습니다. 그러
자 레이첼이 얼마나 행복해 했는지, 그 이후 조셉에게 보내온 레이첼의 시
는 한 남자를 사랑하는 여자의 마음을 그대로 표현해주고 있었습니다.

나의 전부이고 나의 행복인 조셉,

조셉을 만나는 날을 손꼽아 기다려요

안타깝게도 조셉에게는 글의 뜻을 다 이해할 수 있는 능력이 없었지만
이런 내용의 시들을 받을 때마다 누군가에게 자신이 사랑받고 있다는
것, 그것도 한 아가씨가 자신을 애틋하게 사랑한다는 사실에 행복을 느
끼는 것 같았습니다.

그래서 가끔씩 동생들이 조셉을 보며 "조셉, 조셉의 여자친구는 누구
야?" 하고 물으면 조셉은 목에 핏줄을 세우며 큰 소리로 이렇게 대답하
며 웃었습니다.

"레, 레이첼!"

2012년 여름, 그런 조셉을 바라보는 나의 마음은 참 흐뭇했습니다. 그 시절에도 가끔씩 경기가 찾아오는 어려움이 있긴 했지만, 그 즈음 조셉은 어떤 장애에도 구애됨 없이 최고의 신사다운 삶을 살고 있었습니다. 자신의 삶을 기뻐했고, 누구를 만나든 온유했으며, 사랑받고 사랑하며 살았습니다.

어디를 가든 누구에게나 살며시 미소를 보내며 웃어주는 조셉의 표정만 봐도 내 마음에 드리워졌던 그늘이 환하게 펴질 만큼, 조셉은 그 자신이 꽃으로 피어날 뿐 아니라 누군가의 그늘을 밝혀주고 있었습니다.

"조셉이 제일 잘 컸어. 우리 중 제일 문제없는 애가 조셉인 것 같아."

조셉의 나이 32세. 내가 가족들에게 종종 이런 말을 할 만큼 조셉은 그 시절 싱그러운 초록의 잎사귀로 피어나 하늘을 향해 반짝이며 춤추는 집 앞의 나무들처럼, 인생 최고의 시간을 보내고 있었습니다.

3

"오늘은 스페셜 올림픽 수업을 시작하는 첫날이어서 조셉의 기분이 만점이에요."

2012년 9월 26일 수요일 오후, 조셉을 돌봐주는 분으로부터 이런 문자가 왔습니다. 혼자보다는 사람들과 어울려 수영하는 걸 좋아하는 조셉은 여름방학 내내 이 수영 클래스가 열리기만을 기다렸습니다. 물개라는 별명을 가진 조셉답게 그날도 조셉은 물속에 들어가 2시간이고 3시간이고 놀고 있을 게 분명했습니다.

참 감사한 날들이었습니다. 조셉은 긴 시간 동안의 보수공사를 끝낸 우리 집에서 우리 부부와 하루를 보내고, 월요일부터 다시 선생님의 돌봄을 받으며 한 주를 시작했습니다. 그날 아침에도 여느 때처럼 그 무렵 쓰고 있던 요한복음을 쓰는 것으로 하루를 시작해서 요한복음 10장 13절까지 쓴 뒤에 수영장으로 갔다고 합니다.

'조셉은 오늘도 신났겠네.'

그날 저녁 웨스트 밴쿠버의 어느 가정집에서 열리는 모금을 위한 음악회에 참여하면서도 나는 조셉을 떠올리며 이런 생각에 젖었습니다.

그런데 음악회가 막 시작되려는 고요한 순간, 정적을 깨뜨리는 요란한 벨소리가 내 휴대폰에서 터져나왔습니다.

"조셉이 물에 빠졌어요!"

조셉을 돌봐주는 선생님으로부터 이 얘기를 듣자마자 나는 조셉이 경기를 일으켰다는 생각이 들었습니다.

"네? 물에 빠져서 어떻게 되었어요?"

"건져냈습니다."

건져냈다니 다행이었습니다. 수영을 잘하는 조셉이 그냥 빠졌을 리는 없을 테고, 물속에서 경기가 와서 그렇게 되었다 해도 얼른 조셉을 건져주었다면 아무 문제 될 게 없었으니까요. 그러나 이상하게도 상대방의 대답이 매우 무겁게 느껴졌습니다.

"근데 조셉은 어떻게 하고 있어요?"

"앰뷸런스가 와서 병원으로 가고 있어요."

뭔가 석연치 않게 대답하는 선생님의 말을 듣자 아무래도 서둘러 가 봐야겠다는 생각이 들었습니다. 사람들에게 양해를 구한 뒤 바로 자리에서 일어나 병원으로 향했습니다.

그러면서도 한편 왜 조셉을 병원으로 데려갈까 싶었습니다. 이 병은 발작의 순간에는 매우 위험하지만 깨어난 뒤에는 병원에 가도 별다른 조처를 해줄 게 없기 때문입니다. '집으로 데려가 안정을 취하게 해주는 게 더 좋을 텐데'라는 생각에 고개가 갸웃거려졌습니다.

동시에 나는, 약을 바꾼 뒤로 밤에 경기를 안 하는 대신 낮에 경기를 한 번씩 일으키는 게 위험하다는 걸 다시 한 번 절감하면서 차라리 낮보다는 밤이 낫겠다 싶어 내일 당장 예전에 먹던 약으로 바꿔야겠다고 다짐하게 되었습니다. 마침 내일은 이 병에 관련한 세계적인 권위자와 약속도 잡혀 있는 상태였습니다.

차가 막혀서 1시간이면 넉넉히 도착할 병원까지 1시간 30분이나 걸렸습니다. 그 사이, 내일 한국 출장을 위해 짐을 싸고 있던 남편도 병원으로 오겠다는 전화를 걸어왔습니다. 그 말에 나는 "당신은 오지 않아도 돼요. 어차피 이제 곧 집으로 갈 텐데요"라고 만류했습니다. 그만큼 나는 조셉에게 별다른 일이 일어날 거라는 가정을 단 1퍼센트도 하지 않았습니다.

그런데 병원에 도착해보니 분위기가 심상치 않았습니다. 아들을 찾는 내게 의사들은 천천히 보여준다는 말만 되풀이할 뿐, 아무도 내게 조셉을 보여주지 않았습니다. 도대체 내 아들의 상태가 어떻기에 이러나 싶어 갑자기 불안이 엄습해 왔습니다.

"조셉이 물에서 경기 일으킬 때 금방 꺼낸 게 아닌가요?"

나의 물음에 주변에선 고개를 저으며 아니라고 대답했습니다.

"그럼 얼마 만에 꺼낸 거예요?"

이 질문에도 대답이 돌아오지 않았습니다. 모른다고, 조셉이 얼마나 물속에 방치되어 있었는지, 경기를 일으킨 지 얼마 만에 조셉을 꺼냈는지 아무도 모른다고 했습니다. 수영장 모서리 밑바닥에 빠져 있는 조셉을 나중에야 발견해서 꺼냈다는 말을 누군가 들려줄 뿐이었습니다.

my God, my God, why
hast thou forsaken me?
why art thou so far from help-
ing me, and from the words of

내 하나님이여 내 하나님이여 어찌 나를 버리셨나이까
어찌 나를 멀리 하여 돕지 아니하시오며 내 신음 소리를 듣지 아니하시나이까 시편 22:1

심장이 '쿵' 하고 내려앉으며 바닥으로 고꾸라질 것만 같았습니다. 두 명의 안전요원과 스페셜 올림픽 수영코치, 그리고 조셉을 전담하며 돌봐주는 분이 계신데 왜 아무도 조셉이 경기하는 걸 보지 못했는지 이해가 가지 않았습니다. '그렇다면 조셉을 꺼낼 때 이 아이가 숨은 쉬고 있었나요?'라고 묻고도 싶었지만, 너무 겁이 나서 어떤 질문도 할 수가 없었습니다.

그제야 나는 남편에게 전화를 걸어 병원에 와야겠다고 말했고, 남편은 1시간 거리에 떨어진 다운타운에서 숨을 헐떡이며 달려왔습니다. 그때부터 남편과 나는 아무 말도 못한 채 그저 조셉이 깨어나기를 기도하며 초조하게 그 자리를 서성거렸습니다.

그러나 얼마 후에 우리에게 온 의사는 뜻밖의 말을 했습니다. 조셉이 지금 응급실에 있지만 이 병원에서는 손을 쓸 수 없으니 다른 병원으로 옮겨야 하는데 다른 병원에선 환자를 받아주지 않는다는 말이었습니다.

아니, 무슨 이런 경우가 다 있단 말입니까. 환자가 위급한데 아무런 손을 쓸 수 없다니요. 의사의 그 말에 답답해진 나는 조셉이 있는 곳으로 뛰어 들어갔습니다.

4

"조셉, 조셉!"

아들의 이름을 혼잣말처럼 중얼거리며 조셉에게 가보니, 조셉은 수십 개의 튜브를 온몸에 연결한 채 피투성이 상태로 누워 있었습니다.

"이게, 이게, 왜 이렇습니까?"

너무 놀라서 입이 다물어지지 않는 내게 누군가가 당시의 상황을 설명해줬습니다. 물속에 빠져 있는 조셉을 건진 뒤 인공호흡을 하던 안전요원이 어떻게든 조셉을 살려내려고 심하게 가슴 압박을 하는 바람에 갈비뼈가 부러졌고, 그게 허파를 찌르면서 몸 안에서 피가 터져 나왔다고.

아…. 갑자기 찾아온 경기에 혼자서 그 극한 고통을 감내하고, 그것으로도 모자라 차디찬 물속에 외롭게 방치되어 있다가, 건져진 뒤에는 부러진 갈비뼈에 허파가 찔리는 고통까지 조셉 홀로 겪었다고 생각하니 미칠 것만 같았습니다.

그러나 아직은 마음을 다잡고 있어야 했습니다. 이것이 분명 끝은 아닐 테니까요. 아홉 살 때 그 거친 파도에 떠밀려가서도 살아 돌아온 조셉이 아닙니까? 자폐와 경기와 강박장애로 인한 고통의 세월을 보내고 이제야말로 최고의 계절을 맞아 주님 앞에 더 크게 쓰임 받을 그런 조셉이 아닙니까?

'하나님, 이게 끝이 아니지요? 하나님, 조셉을 살려주세요. 조셉을 일으켜주세요. 제발 그렇게 해주세요.'

나는 마음속으로 그렇게 외치며 무너져가는 내 마음을 붙들고 기적과 같은 소식이 들려오기만을 기다렸습니다.

그러나 잠시 후, 우리 부부에게로 한 의사가 다가와 머뭇거리더니 이렇게 말하는 것이었습니다.

"이제 가망이 없습니다. 여기 와서 작별인사를 하세요."

"네?"

작별인사를 하라는 의사의 말이 무슨 뜻인지 알 수 없었습니다. 그렇게 정신이 반쯤 나간 상태로 조셉에게 다가가자 의사가 다시 한 번 얘기했습니다.

"모든 기능이 다 멈췄습니다."

모든 기능이 다 멈췄다는 건 조셉의 호흡까지도 멈췄다는 말이었습니다. 믿기지가 않았습니다. 그럴 리 없다고 소리치고 싶었습니다. 잠들어 있는 듯한 조셉의 얼굴을 보니 나는 더욱 그 말이 믿어지지 않았습니다. 온몸은 피로 뒤범벅이 되어 있었지만 얼굴만큼은 갓 세수하고 나온 소년처럼 깨끗한 모습으로 누워 있는 조셉. 누가 이 아들이 죽었다고 말한단 말입니까?

누군가 엉엉 우는 소리가 아득하게 들려오고 나는 어찌해야 할지 하나도 판단이 서지 않았습니다. 아무 말도 못하고 그저 조셉의 얼굴만을 하염없이 바라보는데, 조셉의 굳게 감은 왼쪽 눈가에 눈물방울 한 자국이 말라 있는 게 내 눈 안으로 들어왔습니다.

'조셉, 너도 울고 있었구나….'

남겨진 조셉의 눈물 자국은 물속에서 건져진 뒤 얼마간 조셉이 살아 있었다는 증거였습니다. 인공호흡을 받을 때, 아니면 병원 응급실에서 조셉이 혼자 울고 있었다는 뜻이었습니다. 그 눈물 자국을 보니 누군가 내 심장을 찌르는 듯 아파서 견딜 수가 없었습니다.

'조셉, 눈 떠봐. 그 눈으로 엄마를 봐야지. 네가 사랑하는 엄마가 이렇게 왔잖아. 엄마랑 인사해야지, 조셉, 조셉….'

마음속으로 조셉의 이름을 하염없이 부르며 조셉을 바라보고 있자니 정신이 아득해지며 모든 게 꿈을 꾸는 것 같았습니다. 사람들의 울부짖는 소리, 피투성이인 채로 누워 있는 조셉, 왔다 갔다 하며 조셉 위로 흰 천을 덮는 사람들의 모습들도 모두 영화 속의 일처럼, 내 일이 아닌 남의 일처럼 느껴졌습니다.

새벽 0시 30분. 조셉은 그렇게 내 곁을 떠났습니다. 그 맑고 아름다웠던 눈으로 엄마인 나를 한 번 쳐다봐주지도 못하고, 평소처럼 마음속으로만 많은 말을 가득 담은 채 조셉은 "굿바이"라는 인사 한 마디 없이 우리 곁을 떠나갔습니다.

♭

병원을 나와 새벽에 집에 도착하고서도 나의 정신은 정처 없이 떠돌아다녔습니다. 조셉이 가다니, 이 엄마를 두고 아들이 먼저 가다니 어떻게 이런 일이 일어날 수 있단 말입니까. 그간 나는 내가 먼저 죽으면 남겨진 조셉을 누가 돌볼까에 대해서만 고민했지, 단 한 번도 조셉이 나보다 먼

> yea though I walk
> through the valley of the
> shadow of death I will fear
> no evil: for thou art with me;
> thy rod and thy staff they
> comfort me.

내가 사망의 음침한 골짜기로 다닐지라도 해를 두려워하지 않을 것은
주께서 나와 함께 하심이라 주의 지팡이와 막대기가 나를 안위하시나이다 시편 23:4

저 세상을 떠나리라는 생각을 해본 적이 없었습니다.

이 갑작스런 상황에 어떻게 대처해야 할지, 앞으로 내가 어떻게 살아야 할지 아무것도 갈피를 잡을 수 없었습니다. 그렇게 우두커니 앉아 있는데, 문득 이메일 도착 신호가 눈에 들어왔습니다. 한동안 연락이 뜸했던 중국 선교사님의 메일이었습니다.

"조셉에게 좋은 일이 있나 봐요."

첫 문장을 본 나는 너무 기가 막혔습니다. 선교사님은 왜 하필 그날 그 시각에 이런 메일을 보냈던 것일까요. 병원에서 조셉의 사망 소식을 들은 후 조금 전에 집으로 돌아왔고, 아직 가족 외에는 그 누구에게도 조셉의 얘기를 하지 않은 터에 선교사님은 조셉에게 좋은 일이 있냐는 안부를 물어오고 있었습니다.

"조셉에게 좋은 일이 있나 봐요. 내가 어젯밤에 꿈을 꿨는데 조셉이 정상의 얼굴로 너무나 환하고 멋지게 밤색 양복을 차려입은 채 엄마를 바라보더라고요. 엄마인 권사님도 얼마나 예쁘시던지, 핑크색 투피스를 입고 조셉과 포옹하시더군요. 꿈속에서 조셉은 엄마를 무척이나 대견한 듯 바라보며 이렇게 말하고 있는 것 같았어요. '엄마, 그동안 나 때문에 참 수고 많았어.' 권사님, 조셉에게 뭐 좋은 일이 있어요? 혹시 조셉이 결혼이라도 하나요?"

평소 꿈 얘기라고는 한 번도 해본 적이 없던 선교사님이 왜 그 새벽에 뜬금없이 꿈 이야기를 하며 이메일을 보내왔을까요.

그 새벽, 나는 이와 같은 내용의 메일을 받아보고서야 조셉이 어딘가로 떠났다는 사실을 비로소 실감했습니다. 그리고 이 죽음이 결코 비극적인 끝이 아니라, 좋은 곳으로 가기 위한 또 다른 여정이라는 것에 내 생각을 아주 조금이나마 열게 되었습니다. 우리에겐 지금 슬픔밖에 남아 있는 게 없지만, 조셉은 하늘나라 천국잔치의 현장에서 정상의 얼굴로 밤색 양복을 입은 채 밝고 환하게 웃고 있을지도 모를 일이었으니까요.

그래서 나는 슬픔으로 엎어져 있던 나의 눈을 뜨며 죽을힘을 다해 마음속으로 되뇌기 시작했습니다.

'갔구나, 조셉이. 천국으로…. 조셉이 갔다. 천국으로.'

chapter 09

받은 복을 세어보아라

1

조섭의 장례식은 살아생전 조섭을 사랑했던 많은 이들의 애도 속에서 은혜롭게 치러졌습니다. 아들이 평소 좋아하고 따랐던 피스포털교회의 로스 헤스팅(Ross Hastings) 목사님이 말씀을 전해주셨고, 조섭의 할아버지인 정시우 목사님의 축도가 있었습니다. 찬양을 사랑했던 조섭의 천국환송예배인 만큼 장례식 내내 찬양이 웅장하게 울려 퍼졌습니다.

특히나 바쁜 일정 속에서도 베데스다 모임에 와서 아이들에게 피아노 연주도 해주고 친절한 친구가 되어주었던 밴쿠버 심포니 지휘자인 브람웰 토비(Bramwell Tovey)의 지휘로 시온선교합창단과 그레이스교회(박신일 목사님) 찬양대가 헨델의 '할렐루야'를 부를 때는 조섭이 벌떡 일어나 그 곡을 함께 부를 것만 같았습니다.

그러나 여전히 관에 얌전히 누워 있는 조섭의 얼굴은 슬픔을 가누지 못하는 우리와는 달리 잠든 듯 평안해 보였습니다. 정말 좋은 곳에 간 사람처럼 조섭의 얼굴 어디에도 두려움의 그늘이 보이지 않았습니다. 조셉은 그렇게 아무 근심 없는 얼굴로 조셉이 생전에 가장 좋아했던 피스포털교회(Peace Portal Alliance Church) 길 건너편에 묻혔습니다. 조셉이 살아생전 교회에 갈 때마다 가지고 다니던 초록색 표지의 성경책 한 권과 함께.

ㄹ

자식이 떠나면 부모는 그 자식을 가슴에 묻는다고 했던가요. 아무리 자식이 죽음이란 강을 건너 저 멀리 갔다 하더라도 부모는 결코 그 자녀를 떠나보내지 못한다는 걸 그때 알았습니다. 어디를 가든, 무엇을 하든 나는 조셉을 떠올리고 있었고, 그로 인해 내 심장은 하루 온종일 찌르는 듯 아팠습니다. 엄마를 볼 때마다 부드럽게 웃어주던 조셉의 흔적이 집안 곳곳에서 발견될 때마다 감당할 수 없는 슬픔이 다가와 덮치기 일쑤였습니다.

웬만해선 눈물을 보이는 법 없던 남편도 조셉의 부재를 느낄 때마다 자꾸 눈물을 보였습니다. 저러다 무너지지 않을까 싶을 만큼 하염없이 울고 또 울었습니다.

무엇보다 나는 아들을 지켜주지 못했다는 미안함과 죄책감에 몸서리를 쳤습니다.

'내가 있었어야 했는데…. 내가 그때 조셉 옆에 있었다면 나는 엄마니까 눈에 불을 켜고 조셉을 지켜봤을 텐데. 그러면 조셉은 살았을 텐데. 왜 나는 그때 옆에서 조셉을 지켜주지 못했을까?'

지금까지 나와 함께 수영장에 갈 때마다 혹시나 싶어 잠시도 눈을 안 떼고 조셉을 지켜봤지만, 그토록 자주 수영장에 갔어도 조셉은 한 번도 물속에서 경기를 일으킨 적이 없었습니다. 그런데 조셉이 갔습니다. 엄마인 나도, 든든한 울타리가 되어주었던 아빠도, 선생님도, 안전요원도, 그 누구도 조셉을 지켜주지 못했습니다. 조셉은 물속에서 그리 허망하게 떠나고 말았습니다.

조셉에게 못해준 일들이 계속해서 떠올랐습니다. 아무것도 모르던 조셉의 어린 시절, 나 힘들다고 조셉에게 무심히 던졌던 말 한마디 한마디까지 회한의 화살로 돌아와 내 가슴을 찔렀습니다. 자폐라는 장애를 가지고 사는 조셉을 향하는 세상 사람들의 시선도 차갑고 싸늘하기만 한데, 나조차도 조셉을 더 안아주고 더 사랑해주지 못했다는 생각에 조셉이 애처로워 견딜 수가 없었습니다.

무엇보다 평생 아픔을 짊어진 채 살았던 것도 모자라 떠나가던 날 극한 고통 속에서 혼자 몸부림치다가 외롭게, 너무도 외롭게 떠나갔다는 사실이 정말 미칠 것만 같았습니다. 아들을 먼저 떠나보낸 엄마의 하루하루는, 1분1초는 이런 생각들 속에서 숨 쉬는 것조차 버거웠습니다.

아무리 자식이 죽음이란 강을 건너 저 멀리 갔다 하더라도

부모는 결코 그 자녀를 떠나보내지 못한다는 걸 그때 알았습니다.

3

그런데 이상한 일이었습니다. 먹지도 못하고, 앉아 있는 것도, 일어나는 것도 힘들던 그때 하나님께서 자꾸 나의 등을 떠밀며 일어나라고 하시는 것 같았습니다. 장례예배를 치른 그 주 주일은 10월 첫째 주, 추수감사주일이었습니다. 하나님께서는 추수감사절을 위해 오래 전부터 연습했던 성가대의 찬양을 이번 주에 꼭 올려드리라고 재촉하시는 것 같았습니다.

조셉을 생각하면서 반쯤 넋이 나간 채로 누워 있으면 "찬양하라" 하시는 음성이 들려오는 듯했고, "저 못해요 주님. 아시잖아요" 하고 답하면 또다시 "그래도 해라. 했으면 좋겠다"라는 그분의 음성이 들려오는 것만 같았습니다.

사실 도저히 할 수 없을 것 같았습니다. 성가대원들과 교회에서도 이해해주리라 생각했습니다. 슬픔이 비탄이 되고, 실망이 절망이 되어 아무것도 할 수 없는 내게 왜 자꾸 찬양을 하라고 하시는 건지 도무지 이해할 수도, 받아들일 수도 없었습니다.

그런데도 이 권유가 너무 강하게 느껴져서 장례예배 후 아직 자기 집으로 돌아가지 않고 우리 곁을 지키고 있던 막내동생 이규섭 목사에게 물었습니다.

"하나님이 자꾸 이번 주에 교회에 가서 찬양을 하라고 하시는데 어떡하지? 나 못할 것 같은데…."

힘없이 묻는 나의 질문에 동생은 조심스럽고도 확실하게 말했습니다.

"누나, 가서 해."

단호하게 대답하는 동생의 말에 나는 한 번 더 호소하듯 물었습니다.

"꼭 그래야만 할까?"

"누나가 빨리 일어날수록 빨리 회복될 테니까. 어차피 일어나야 하는데 몇 주 더 쉬고 일어나는 것보다 빨리 일어나 시작하는 게 좋을 것 같아."

동생의 그 말을 듣자 아무런 기운 없이 처져 있던 내 마음 안에 이제 일어나야 한다는 한 줄기 의지가 들어오는 것 같았습니다.

'그래, 일어나자. 일어나서 찬양을 드리자. 하나님께서 하라고 하시면 해야 한다.'

그렇게 해서 그 주 주일, 나는 그레이스한인교회의 주일예배 시간에 그레이스 성가대를 지휘하며 헨델의 〈메시아〉 중 '감사해'(But Thanks be to God)란 찬양을 올려드렸습니다. 보통 추수감사절 때는 지난 1년 동안 일용할 양식을 주심에 대한 감사의 고백을 담은 찬양을 드리기 마련인데, 몇 주 전부터 준비한 이번 추수감사절 찬양은 이상하게도 부활절에 올릴 법한 부활 승리하신 예수님에 대한 감사의 찬양이었습니다. 아마도 하나님께서 미리 준비를 시키셨던 것 같습니다.

"감사 감사 주 예수를 통해 승리주신 하나님께 감사 감사 감사를 드리세."

참 아이러니하게도 이제는 살아갈 소망마저 끊어져버린 것 같은 나에게 성령께서는 "감사드리자"는 고백을 하도록 이끌고 계셨습니다.

조섭이 밤새 경기를 한 다음날 아침, 충혈된 눈 그대로 연습실로 달려가 찬양을 부르던 시절에도 찬양은 내게 조난당한 자가 살기 위해 보내는 마지막 수신호 같은 것이었습니다. 그런데 그날의 찬양은 그보다 더한 위태로움 속에서 마지막 남은 호흡을 모두 모아 보내는 내 전 존재의 고백이었습니다. 나는 '이것 아니면 죽는다'는 결의로 내게 남아 있는 마지막 단 하나의 생명세포까지도 불사른다는 심정으로 찬양을 올려드렸습니다. 오직 죽음에서 부활하셔서 우리에게 구원을 주신 예수 그리스도의 은혜에 내 모든 시선을 고정하며 성가대 찬양을 지휘했습니다.

조섭을 떠나보낸 지 며칠 안 된 그날에도, 주께선 자식을 가슴에 묻은 어미에게서 그렇게 감사의 찬양을 받아내고 계셨습니다.

4

조섭이 떠난 뒤로 내 마음과 육체는 물을 잔뜩 먹은 스펀지처럼 무겁고 먹먹하기만 했습니다. 찬양을 하는 동안 잠시 살아났던 내 영혼은 집으로 돌아와선 또다시 고꾸라졌습니다. 살아날 듯하다 다시 땅으로 꺼져버리는 상태의 포물선이 날마다 이어졌습니다.

그런 엄마가 위태로워 보였는지 뉴욕에서 직장생활을 하는 딸 미선이가 장례예배가 끝난 뒤에도 자기 자리로 돌아가지 못하고 우리 곁에 머물렀습니다. 그러면서 10월 말에 가기로 했던 가족 여행 이야기를 꺼냈습니다.

1년에 한 번 있는 가족 여행. 조셉은 생전에 가족 여행을 참 좋아했습니다. 조셉은 나와 지내다가도 시애틀과 뉴욕, LA에 떨어져 지내는 동생들 얘기가 나올 때면 "미선 잘 있어?", "미라 잘 있어?" 하고 물어볼 때가 종종 있었습니다.

그러고 보면 조셉은 안부 챙기는 데 명수였습니다. 어느 선교사님을 오랜만에 만날 때면 나는 잊고 있었던 그 자녀분들의 이름을 대며 "제인 잘 있어?", "줄리아 잘 있어?"라고 묻는 쪽은 늘 조셉이었으니까요.

그래서인지 조셉은 1년에 한 번 온 가족이 다 모여 여행을 떠나는 그 시간을 무척 좋아했습니다. 그때마다 우리는 수영을 좋아하는 조셉을 위해 언제나 바다가 있는 곳으로 가서 일주일간 행복한 시간을 보내곤 했었지요. 그 해에도 우리는 조셉을 위해 오래전부터 아름다운 해변가로 예약을 해놓고 비행기 티켓팅까지 다 마쳐놓은 상태였습니다. 직장생활을 하는 아이들 또한 그때에 맞춰 휴가를 받아놓았습니다. 그런데 갑작스럽게 조셉이 떠나버린 것입니다.

나는 조셉이 없는 가족 여행은 도저히 갈 엄두가 나지 않았습니다. 그래서 아이들에게 양해를 구했습니다.

"엄마가 참 미안한데, 엄마가 이 상태로는 도저히 갈 수가 없어. 미안하다. 너희에게도, 조셉에게도….."

며칠 뒤, 미선이가 조그만 액자 하나를 내밀었습니다.

"엄마를 위한 선물이야."

나를 위해 선물을 사왔다는 말을 듣고 액자를 자세히 들여다보니 거기엔 이렇게 쓰여 있었습니다.

"Count your blessings"(받은 복을 세어보아라).

ㅎ

'아…!'

"받은 복을 세어보아라"라는 그 문구를 보니 불현듯 정신이 나는 것 같았습니다.

'그래 맞아. 조셉도 축복이고, 다른 네 아이들도 내겐 큰 축복이야. 하나님께선 내게 많은 복을 베푸셨지.'

이 생각이 떠오르자 숨소리도 제대로 못 내고 엄마 눈치만 보고 있는 다른 아이들에게 미안한 마음이 들었습니다. 그리고 내게 베푸신 하나님의 크나큰 축복들을 하나둘 헤아려보게 되었습니다.

그 첫 번째 축복은 단연 조셉이었습니다. 조셉은 내게 축복의 진정한 의미를 알려준 아이였습니다. 지금도 여전히 부족한 내가 그나마 고통받는 사람들 속에 들어가 함께 울 수 있게 된 것은 순전히 조셉 덕분이니까요.

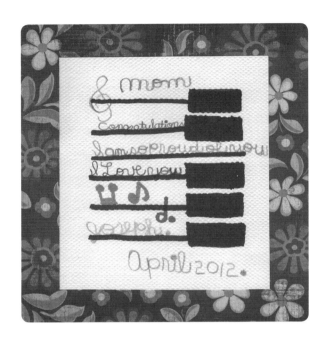

첫 번째 축복은 단연 조셉이었습니다.

조셉은 내게 축복의 진정한 의미를 알려준 아이였습니다.

둘째 홍민이도 내겐 큰 축복입니다. 나는 장애가 있는 자녀를 키우는 많은 가정들처럼 조셉에게 집중할 수밖에 없는 우리 집 양육 환경이 다른 아이들에게 피해가 될지 모른다는 생각을 자주 했었습니다. 실제로 어린 시절 피아노 치는 것을 좋아했던 홍민이는 학교 가기 전에 늘 피아노 앞에 앉아 연습하곤 했는데, 그때마다 조셉은 피아노에 열중해 있는 동생의 뒤통수를 한 대 때리고는 도망치곤 했습니다. 그러다보니 홍민이는 아침부터 울면서 학교에 가는 일이 잦았습니다.

그런 아이들의 모습을 지켜볼 때마다 엄마인 나는 조셉에게 받은 정신적, 육체적인 피해로 인해 동생들에게 혹 정서적인 문제가 생기진 않을까 늘 걱정이었습니다. 특히나 동생이면서도 한 살 위의 형을 돌봐주어야 하고 참아주어야 했던 홍민이를 볼 때마다 엄마인 나는 미안하고 안쓰러운 마음을 가눌 수가 없었습니다.

그러나 이런 우려와는 달리 홍민이는 잘 자라주었고, 조셉의 장례예배 때 이런 말로 우리에게 위로를 주었습니다.

"나는 형에게 참 많은 것을 배웠습니다. 형은 언제나 내게 영웅이었지요. 내게 늘 자랑스러운 형, 그가 바로 조셉입니다."

형으로 인해 힘든 일이 많았을 그 환경이 오히려 홍민이에게 장애우와 어려운 이웃들을 향한 긍휼의 마음을 더 키워주었던 것 같습니다. 홍민이는 성인이 된 뒤로 주변 사람들로부터 끊임없이 경영 공부를 권유받았습니다. 그렇지만 자신은 다른 무엇보다 사람들을 도울 때 보람을 느낀

다며 대학에서 심리학을 전공하고 신학대학에 진학해서는 기독교상담학을 공부했지요. 그리고 지금은 가족상담 전도사가 되어 시애틀에서 조그마한 개척교회를 섬기며 장애우들을 돌보고, 학교에서 문제아이들을 상담하는 일을 하고 있습니다.

미선이, 미라, 홍식이의 성장 과정 속에도 하나님의 놀라운 은혜가 고스란히 묻어 있습니다. 조셉과 함께 자라는 동안 조셉이 쓰러질 때마다 놀라서 울고, 슬퍼서 울었던 이 아이들은 조셉에게 매달려 있는 엄마에게 자신을 안아달라고 떼 한 번 못 쓰고 자랐습니다. 그러다보니 각각 음악과 영화, 경영을 전공한 아이들에게 나는 아무것도 해준 게 없었습니다. 그 어려운 공부를 해내는 동안에도 아이들 뒷바라지 한번 제대로 못해줬습니다.

그러나 그런 아이들을 하나님께서 직접 돌보며 키우고 계셨습니다. 가족을 사랑하는 마음을 주셨고, 형제를 돌아볼 줄 아는 마음과 사역자들과 장애우들을 섬기려는 마음을 이 아이들 모두에게 심어주셨습니다. 무엇보다 감사한 것은 네 아이들 모두 조셉의 장애를 부끄러워하거나 감추려 한 적이 없었다는 점입니다. 친구들이 집에 놀러올 때도 아이들은 모두 조셉을 당당히 소개하곤 했습니다.

이런 일들을 하나씩 헤아리다보니, 아이들 하나하나 그렇게 잘 자랄 수 있도록 은혜를 주신 하나님께 새삼 감사드리지 않을 수 없었습니다.

'조셉뿐 아니라 네 아이들 모두 내게 크나큰 축복이구나. 나는 정말

많은 복을 받은 사람이었어.'

　이 생각이 떠오르자 나는 더 이상 주저앉아 있어서는 안 되겠다는 마음이 들었습니다. 축복으로 주어진 네 아이들을 위로하기 위해서라도 마음을 다잡고 가족 여행을 같이 가야겠다고 결심했습니다.

　"그래, 가자. 가족여행. 엄마도 같이 할게."

　받은 복을 헤아려보다가 가족 여행을 따라가기로 결정한 그때, 나는 아직도 마르지 않은 가슴속 눈물을 애써 참으며 짐을 쌌습니다. 조셉이 떠난 지 한 달만의 일이었습니다.

chapter 10

잠깐의 이별, 영원한 소망

1

우리가 가족 여행을 간 곳은 세계적으로 아름답다고 손꼽히는 카리
브해안의 무스틱 아일랜드(Mustique Island)라는 곳이었습니다. 하지만
이 섬에 대해 아무 정보도 없었던 나는 그저 그곳이 수많은 휴양지 중
한 곳이고 해변이 아름다운 곳이라고만 생각했습니다.

그런데 섬에 도착하고 보니 그곳의 특별한 분위기가 곳곳에서 전해져
왔습니다. 비행기와 경비행기를 몇 번씩 갈아타고 내리는 복잡한 과정
도 그렇고, 까다로운 입국 과정도 그랬습니다. 그런데 더 특이한 것은
입국 사무실 한가운데 매우 큰 글씨로 쓰인 성경말씀 액자가 떡 하니 걸
려 있다는 사실이었습니다.

For God so loved the world that he gave his one and only Son, that
whoever believes in him shall not perish but have eternal life.

John 3:16

"하나님이 세상을 이처럼 사랑하사 독생자를 주셨으니 이는 그를 믿는 자마다 멸망하지 않고 영생을 얻게 하려 하심이라"는 요한복음 3장 16절 말씀을 보자, 'eternal life'(영생)라는 단어에 눈이 머물면서 '그래, 조셉도 천국에 갔지'라는 막연한 생각이 잠시 들었습니다.

그때까지도 나는 천국이나 영생에 대해 막연하게만 생각했지 단 한 번도 내 뼛속까지, 내 살 속까지 파고드는 실재(實在)의 개념으로 천국을 생각하지는 못하고 있었습니다. 그저 예수님을 믿다가 죽으면 가는 곳, 내가 사는 이곳과는 아주 먼 어느 곳이라는 개념만이 내가 가진 천국에 대한 믿음의 전부였습니다.

그래서 나는 그 말씀을 보면서도 더 이상의 감동이 느껴지진 않았습니다. 그보다는 기독교 정신으로 세워진 미국과 같은 나라에서도 공공기관에서 기독교 색채를 띠지 못하도록 점점 규제하고 있는데, 이 나라에선 어떻게 성경구절을 대놓고 걸어놓을 수 있었을까 신기하게 여기며 입국소를 나왔습니다.

그러고는 곧바로 '앞으로 일주일을 이곳에서 어떻게 버티지?' 하는 걱정에 휩싸였습니다. 네 아이들을 위해 희생한다는 마음으로 따라온 여행이었기에 어떻게든 빨리 이 시간이 지나갔으면 좋겠다고 생각하며 나는 서둘러 숙소로 향했습니다.

숙소에 도착해보니 가족 여행지로 선택한 별장이며 그 주변 풍경이 상상을 초월할 만큼 아름다웠습니다. 누구도 훼손하지 않은 자연 그대로의 바다 빛깔이 이토록 아름다울 수 있다는 데 놀랐습니다. 섬 전체의 하늘빛과 바다 색깔이 혼연일체가 되어 우리를 유혹했고, 아이들은 감탄을 하며 그 풍경 안으로 뛰어 들어갔습니다.

2

그러나 그때 나는 세상의 아름다운 풍경이 누군가에게는 참담한 고통이 될 수 있다는 걸 처음으로 알았습니다. 수영하기에 더없이 좋은 기후에, 저녁의 황금빛 노을로 서서히 물들어가는 그 고운 해변을 보니 수영을 좋아했던 조셉의 모습이 생생하게, 너무도 생생하게 떠올랐기 때문이었습니다. 도저히 그 풍경 안으로 들어갈 수 없었던 나는 혼자 방 안에 남아 털썩 주저앉았습니다.

어디서든 바다만 보이면 조셉은 외할머니에게 배운 한국말로 이렇게 외치곤 했습니다.

"바다 봐라! 바다 봐라!"

그때마다 나는 "응, 저기 바다가 있네"라고 받아쳤고, 그러면 조셉은 "Swimming, swimming!"이라고 말하며 빨리 수영하자고 재촉했습니다. 그런 조셉의 모습이 떠오르자 나는 내 손 끝으로 그 아이를 만져보고 싶어서 미칠 것만 같았습니다.

그러나 손만 뻗으면 만질 수 있을 것 같은 조셉은 기억 속에서만 존재

할 뿐 내 옆 어디에도 없었습니다. 이제는 절대로 볼 수도 없고, 얼굴 한 번 쓰다듬어줄 수도 없는 곳으로 조셉이 영영 떠났다는 엄연한 현실 앞에서 나는 다시 한 번 무너진 가슴을 부여잡고 눈물을 흘리며 서러워했습니다.

'조셉, 너는 먼 곳으로 갔구나. 그런데 이 엄마는 네가 없는 이곳에서 살 수가 없구나. 네가 그리워, 네가 보고 싶어 살 수가 없어….'

안 그래도 조셉에 대한 그리움을 겨우겨우 진정하며 살아가고 있던 차에 찾아온 이곳의 풍경은 그 그리움에 기름을 끼얹는 것 같았습니다. 그리움이 고통이 되고, 그 고통이 나를 조여 오면서 숨조차 편안하게 쉬어지지 않았습니다. 내가 왜 여기에 와서 이러고 있을까 싶은 후회가 밀려오고, 금방이라도 바닥으로 까무러칠 것처럼 너무 힘겨웠습니다.

잠시 후 아이들이 숙소로 돌아오자, 나는 어떻게든 마음을 추스르려고 다 같이 예배를 드리자고 했습니다. 그러고는 나 혼자서는 도저히 보지 못했던 조셉의 살아생전 모습을 담은 슬라이드 영상도 함께 보았습니다.

그러나 예배를 드리고 나서도 내 마음은 잔잔해지질 않았습니다. 아니 오히려 시간이 지날수록 마음 안의 파도는 점점 더 거센 풍랑으로 변해갔습니다. 그 풍랑에 휩싸인 나는 숙소 밖으로 나갈 수도, 침대에 누워 잠을 잘 수도 없었습니다.

3

결국 나는 가족 모두가 잠자리에 든 시각에 하나님 앞에 홀로 엎드려 기도하며 몸부림쳤습니다. 하나님 앞에 내 모든 마음을 토설하지 않으면 살 수 없을 것 같아, 나는 침대 밑에 엎드려 하나님의 이름을 부르며 울부짖었습니다.

"하나님, 왜입니까? 왜 하나님께선 조셉을 그렇게 일찍 데려가셔야 했습니까? 조셉이 그렇게 꽃답게 피어나던 시절에 하나님께선 왜 조셉을 데려가셔야 했습니까? 이제부터 정말 하나님 앞에 더 많이 쓰임 받을 일만 남았다고 생각했는데, 그래서 감사하고 기뻐했는데 왜 이토록 허망하게 조셉을 데려가셨습니까? 왜요? 무슨 이유로, 도대체 왜 그러셨습니까? 조셉이 한 달만이라도 더 살았다면 이곳에 와서 맘껏 수영하며 행복한 시간이라도 보냈을 텐데, 그 한 달도 안 봐주시고, 왜 하필 그때에 고통만 받다가 떠나게 하셨습니까? 하나님, 제게 약속하셨잖아요. 예레미야서 29장 말씀으로 약속해주셨잖아요. 조셉을 향해 좋은 뜻이 있고 미래와 장래의 소망을 주신다고. 그런데 그 소망이라는 게 도대체 무엇입니까? 이걸로 다 끝났습니다. 조셉이 갔는데 소망은 무슨 소망입니까? 하나님, 저는 이제 소망이 없습니다. 조셉이 갔으니 그걸로 다 끝난 겁니다. 소망이 없습니다. 제겐 소망이 하나도 없습니다."

그간 꾹꾹 눌러 참았던 억울함과 원망이 한꺼번에 터졌습니다. 나는 하나님과 정면 대결하듯 자식을 잃은 어미의 처절한 심정을 그대로 안고 나가 통곡하며 따졌고, 물었고, 쏟아놓았습니다.

그러다가 지친 나는 잠을 청해보려 했지만 잠이 들질 않았습니다. 자리에 일어나 앉으니 문득 전에 약속의 말씀으로 보았던 예레미야서 29장 11절 말씀을 다시 봐야겠다는 생각이 들었습니다. 성경을 다시 펼쳐 그 말씀의 의미를 확인하고 싶었습니다.

그런데 예레미야서를 펼친 순간, 그날따라 내 눈에 와서 박히는 말씀은 29장 11절 바로 뒤의 구절이었습니다.

너희가 내게 부르짖으며 내게 와서 기도하면 내가 너희들의 기도를 들을 것이요 너희가 온 마음으로 나를 구하면 나를 찾을 것이요 나를 만나리라

예레미야서 29:12,13

11절에서 미래와 소망을 주시겠다고 약속하신 하나님께선 곧바로 이어지는 12,13절에서 "너희가 온 마음을 다해 하나님을 찾으면 하나님을 만나리라"고 말씀하고 계셨습니다.

나는 다시 엎드렸습니다. 그러고는 울다가 웅얼거리며 기도하기를 반복하며 고백했습니다.

"그러면 하나님, 오늘 밤 저를 만나주세요. 하나님 못 만나면 저는 이제 죽을 것 같아요. 정말로 미칠 것만 같아요. 하나님, 저를 만나주시고, 하나님과 함께 있는 조셉도 좀 보여주세요. 조셉을 제발 한 번만이

라도 보여주세요. 안녕이라는 인사 한 마디 못하고 헤어진 조셉에게 인사라도 하게 해주세요."

누군가 그날 내 모습을 봤다면 아마 미쳤다고 했을 겁니다. 아니 어쩌면 나는 정말로 반쯤 정신이 나갔었는지도 모릅니다. 정말 그날 밤에 하나님이 만나주시지 않는다면 이 혼란스러움에 미쳐버릴 것만 같은 심정으로 나는 애간장이 녹도록 기도하고 기도하고 또 기도하고 있었습니다.

4

그렇게 몇 시간을 기도했을까요. 밤새도록이라도 하나님께 매달릴 작정으로 기도하던 나는 새벽녘에 까무룩 잠이 들었던 것 같습니다. 그런데 그때 꿈인지 생시인지 모를 장면이 내 앞에 펼쳐졌습니다. 그렇게도 그립고 그렇게도 사랑하는 조셉이 내 앞에 나타난 것입니다. 조셉을 꿈에서라도 한 번만 보여달라고 한 달 동안 기도했지만 그간 단 한 번도 나타나지 않았던 그리운 아들 조셉이 그날 밤 내게 나타났습니다.

꿈속에서 조셉이 있던 곳, 그곳은 우리 아이가 장례식에서 마지막 인사를 했던 곳이자 가장 좋아했던 교회인 피스포털교회였습니다. 조셉은 나와 함께 다녔던 그 교회 예배당 입구에 밝고 건강한 모습으로 서 있었습니다. 그것도 조셉이 가장 좋아했던 일, 주보를 나눠주던 그 자리에서 예배를 먼저 마친 모습으로 함박웃음을 지으며 서 있었습니다.

나는 예배당에 있다가 거기 서 있는 조셉을 발견하고는 '어? 조셉이 벌써 날 기다리고 있네'라고 생각하며 행여 그 아이를 잃어버릴까 싶어 얼른 조셉에게 달려가 꼬옥 안았습니다.

"조셉!"

내가 달려가 조셉을 껴안으며 아이의 얼굴을 만지자 조셉이 얼마나 환하게 미소를 지으며 나를 맞이하던지요. 찬송할 때마다 얼굴에 가득 피어나던 조셉의 그 어린아이 같은 웃음, 엄마인 나만 아는 조셉의 그 벅찬 기쁨의 표정을 이 아이는 꿈속에서 짓고 있었습니다.

아들을 한 번 안아보고 얼굴 한 번 만져보고 싶었던 나는 현실처럼 느껴지는 꿈속에서 그렇게 조셉과 다시 만났고, 조셉을 다시 껴안았습니다. 그러자 얼마나 내 마음이 기쁘고 평안한지 꿈에서 깨어난 나는 감사기도부터 드렸습니다.

"하나님, 이 아들이 천국에서 이렇게 기쁘게 살고 있군요. 그동안 엄마만큼 아들을 잘 돌봐줄 수 있는 선생님이 없을까 싶어서 언제나 눈에 불을 켜고 사람들을 살폈는데, 이제는 엄마보다 백배, 천배 더 좋은 예수님이 조셉을 살펴주고 계시는군요. 감사합니다, 예수님. 이제 제겐 걱정이 없네요. 제가 그동안 조셉이 어떻게 지내는지 한 번만 보여달라고 그렇게 기도했더니 이렇게 신실하게 응답해주셨군요. 하나님, 감사합니다. 좋으신 하나님, 정말 고맙습니다."

한 번만이라도 조셉을 보여달라는 나의 기도에 하나님께선 그렇게 응답해주셨습니다. 비록 꿈속에서의 만남이었지만 나는 그 순간 조셉을 실제로 다시 만났다는 데 한 치의 의심도 하지 않았습니다.

그래서인지 꿈에서 깨어난 나는 조셉이 어디에 있는지, 지금 무엇을 하고 있는지에 대해 강한 확신을 갖게 되었습니다. 그 확신으로 인해 나는 떨리는 목소리로 남편을 깨워 말했습니다.

"여보, 내가 조셉을 봤어. 꿈에서 만났는데 조셉이 너무나 행복하게 지내고 있더라. 조셉이 정말 천국에서 잘 지내고 있나봐요."

�5

조셉의 안부를 확인한 뒤 맞이하는 아침은 새로웠습니다. 조셉이 좋은 곳에서 행복하게 살고 있다는 확신이 들자 더 이상 아름다운 풍경이 슬픔으로 다가오지 않았습니다. 이 좋은 곳에서 조셉이 수영을 못하는 게 아깝지가 않았습니다. 오히려 이와 비교할 수 없이 아름다운 천국에서 조셉이 행복하게 지낸다고 믿으니 이 세상의 좋은 것들에 아무 미련도 생기지 않았습니다. 아침 해가 떠오른 황홀한 해변을 봐도 평안하고, 그 햇살 아래서 휴식을 취해도 감사했습니다.

조셉과의 이별이 끝이 아니라 잠시 동안의 헤어짐이라는 사실도 믿어졌습니다. 아이들을 위해 좋은 곳으로 유학을 보내면 잠시간의 이별을 맞이해야 하듯, 조셉도 가장 좋은 예수님이 계신 곳에서 예수님의 돌봄을 받으며 엄마와 잠시 떨어져 지내는 거라는 생각이 들었습니다. 그러자 전날까지의 모든 혼란과 슬픔과 애통함이 바뀌어 소망이 되었습니다. 잠시만 참으면 천국에서 다시 조셉을 만나리라는 믿음이 실제가 되어 내게 찾아왔기 때문이었습니다.

이 감격을 안고 아침식사를 하던 그 주일, 우리는 예배를 드리기 위해 숙소에서 일하는 메이드에게 근처에 교회가 있는지 물었습니다.

"교회요? 교회에 가시려고요? 실은 저도 주일이라 교회에 가고 싶은데 오늘처럼 숙소에 손님이 있는 날엔 교회에 못 가는 경우가 많지요. 그런데 당신들이 교회에 간다면 제가 당신들을 안내하면서 예배드릴 수 있으니까 저도 좋아요. 여긴 교회가 딱 두 군데 있어요. 한 군데는 제 아버지가 목사님이고, 한 교회는 제 언니가 목사님이에요. 어디로 가실래요?"

교회에 가고 싶다는 한 마디 말에 여러 정보를 주며 답하는 그 사람의 눈빛이 반짝거렸습니다. 숙소에서 더 가까운 교회로 함께 가자고 제안하자, 이분은 얼른 방에 들어가 옷을 말끔하게 갈아입고 나왔습니다. 그 더운 여름날 정장원피스에 모자, 장갑까지 다 갖춰 입은 멋쟁이 복장을 하고서 말입니다.

그렇게 가게 된 한 교회. 예배 시작 30분 전에 도착했음에도 불구하고 교회 안에는 7,80명의 사람들로 꽉 차 있었습니다. 참석자 모두가 그 섬에서 일하는 원주민 흑인들로 보였습니다. 특이한 것은 그들 중 여자는 모두 정장 차림에 모자, 장갑까지 다 갖춰 입었고, 남자는 흰색 양복에 모자까지 갖춰 입고 있었다는 점입니다. 자신이 가진 옷들 중 최고로 좋은 옷을 입고 모든 예를 갖춰 예배드리려는 그들의 모습이 매우 남달라 보였습니다.

더군다나 교회 안에는 에어컨도 한 대 없었습니다. 후끈하게 더운 바람이 실내를 감도는 그 여름, 선풍기 몇 대만 돌아갈 뿐인 그곳에서 그들은 더위에도 아랑곳하지 않는 모습으로 하나님을 뜨겁게 찬양했습니다. 그것도 하나같이 감격에 겨운 표정으로 구원의 예수님, 생명의 예수님을 소리 높여 찬양했습니다. 박수 치고 기뻐하며, 때로는 눈물을 흘리며 주님을 찬양하는 그들과 함께 나도 박수치며 주님을 찬양했습니다.

그렇게 찬양하기를 1시간. 서서 계속 찬양하다보니 다리에 통증이 느껴졌고, 나는 슬며시 자리에 앉아 찬양을 계속했습니다. 그런데 그 순간, 나는 홀연 뜨거운 안수를 받는 듯한 느낌에 휩싸였습니다. 두 손을 든 채 마음을 다하고 뜻을 다하고 힘을 다하여 찬양하는 그 무리들에 내 영혼이 압도되었던 것일까요. 나는 단지 다리가 아파서 앉았을 뿐인데 마치 그들 모두가 나를 위해 안수기도 하는 듯한 느낌 속으로 빨려 들어가더니, 곧이어 느낌이 아니라 처음 들어보는 크고 웅장한 음성이 내 귀로, 내 가슴으로, 내 온몸으로 생생하게 들려왔습니다.

"Blood of Jesus, Blood of Jesus, Blood of Jesus⋯."
(예수님의 보혈, 예수님의 보혈, 예수님의 보혈⋯.)

그곳이 흑인이 대부분인 원주민교회이기 때문이었을까, 내 귀로 들리는 그 음성은 '예수님의 보혈'이라는 한국어가 아니라 'Blood of Jesus, Blood of Jesus'라는 영어였습니다. 분명 회중들은 찬양을 하고 있는데, 'Blood of Jesus'라는 성령의 음성이 메아리처럼 계속해서 내게 들려왔습니다.

그 소리가 들려오는 곳이 위인지 아래인지 옆인지도 분간할 수 없었습니다. 다만 그 음성이 나의 전부를 감싸면서, 내 온몸과 마음과 영혼이 예수의 보혈에 뒤덮여 있다는 사실만은 확실하게 알 수 있었습니다. 바로 그때, 그 섬에 입국하며 봤던 성경 구절이 내게 번개처럼 떠올랐습니다.

하나님이 세상을 이처럼 사랑하사 독생자를 주셨으니 이는 그를 믿는 자마다 멸망하지 않고 영생을 얻게 하려 하심이라 요한복음 3:16

내 평생 예수님을 믿는다고 했지만, 그제야 나는 이 말씀이 내 관절을 찌르고 뼈와 골수를 찔러 내 영혼을 깨우는 말씀인 걸 체험했습니다. 그리고 예수님의 십자가가 보였습니다. 우리를 이처럼 사랑하신 하나님의 애끓는 사랑 속에 보냄 받으신 예수님이 우리의 죄를 사하시려고 짊어지신 그 십자가, 그 십자가에서 흘리신 예수님의 피가 내게로 뚝뚝 떨어지는 게 느껴졌습니다.

우리를 이처럼 사랑하신 하나님의 애끓는 사랑 속에 보냄 받으신

예수님이 우리의 죄를 사하시려고 짊어지신 그 십자가,

그 십자가에서 흘리신 예수님의 피가 내게로 뚝뚝 떨어지는 게 느껴졌습니다.

6

'아, 이 피가 나를 구원했구나. 이 피가 우리에게 영생의 길을 열어주었어. 예수님의 보혈이 없었다면 우리는 천국으로 들어가 하나님을 아버지라 부르며 영원히 살 수 없었을 텐데, 이 피로 인해 우리는 그분의 자녀가 되어 영원토록 천국에서 함께 살 수 있게 된 거야. 하나님이 우리를 이처럼 사랑하셔서 독생자 예수님을 우리에게 보내주셨어….'

우릴 위해 피 흘리신 예수님의 십자가가 깨달아지자 나는 눈물, 콧물을 줄줄 흘리며 하염없이 울 수밖에 없었습니다.

그러나 그 눈물은 이전에 흘렸던 눈물과는 차원이 다른 눈물이었습니다. 슬픔의 눈물, 고통의 눈물이 아니었습니다. 감당할 수 없는 하나님의 사랑에 대한 감사와 감격의 눈물이요, 나를 대신해 십자가에서 죽으시고 내게 영생의 문을 열어주신 예수님 앞에서 흘리는 속죄의 눈물이었습니다.

무엇보다 나는 이날, 예수님의 십자가와 함께 그 십자가를 가능케 하신 하나님의 사랑에 눈을 뜨게 되었습니다. 그동안 요한복음 3장 16절 말씀은 예수님의 십자가 보혈로 우리가 영생을 얻게 된다는 의미로만 알고 있었는데, 그날은 이 십자가의 보혈로 인한 영생이 자신의 아들을 내어주기까지 하신 하나님의 엄청난 사랑 속에 이루어진 것임이 가슴으로 뜨겁게 와 닿았던 것입니다.

Amazing grace(놀라운 하나님의 은혜)! 나를 온 천하보다 사랑하시는 하나님께서는 결국 'Blood of Jesus', 예수님의 보혈로 우리를 향한 하나님의 사랑을 확증해 보여주셨습니다.

이와 같은 하나님의 사랑을 알게 되자, 그동안 그토록 내가 아파하고 고민했던 문제들이 아무것도 아니란 게 갑자기 깨달아졌습니다. 그 문제들도 결국은 예수님의 십자가라는, 하나님의 엄청난 은혜와 사랑 속에 놓여 있음을 발견했기 때문이었습니다.

그러자 내게 하나님나라에 대한 소망이 벅차게 피어났습니다. 조섭은 죽었으나 예수님의 보혈로 영생을 얻었고, 나는 조섭과 이별했으나 얼마의 시간이 지나면 예수님의 보혈을 힘입어 영원한 천국에 들어가 조섭을 다시 만날 수 있다는 것이 믿어졌습니다.

이것이야말로 얼마나 놀라운 소망인지요. 하나님이 우리를 사랑하셔서 우리에게 이와 같이 엄청난 영생의 축복을 주셨다면, 우리에게 문제될 것은 하나도 없었습니다. 어떤 경우에도 우리에게 전부인 것은 하나님의 사랑과 은혜일 뿐, 그 어떤 환난이나 고통이나 슬픔도 전부가 될 수 없었습니다.

죽을 것만 같았던 가족여행. 그러나 그곳에서 나는 예수님의 피로 덮임 받고 다시 사는 성령세례를 받았습니다. 그 은혜 속에서 나는 내가 살아가야 할 진짜 이유, 내가 붙잡아야 할 진짜 소망을 발견했습니다.

이 귀한 선물을 주시려고 하나님께서는 하고 많은 휴양지 중 그 섬의 그 교회로 우리를 인도하셨던 것일까요. 그렇다면 오래 전에 우리가 이

곳으로 가족여행을 오기로 정했던 것 역시 모든 것을 아시고 모든 때를 아시는 하나님의 인도하심 속에 이루어졌다는 생각이 들었습니다.

그러자 모든 게 우연이 아니라는 깨달음이 찾아왔습니다. 조셉이 그날 그 시간에 떠나간 것도, 슬픔에 빠져 있던 내가 하필이면 그날 그 교회에 가서 예배드리게 된 것도, 우리에게 영생의 참 믿음을 주셔서 평안의 삶을 누리게 하시려는 하나님의 완전하신 계획 가운데 이루어진 일이었음을 나는 비로소 믿게 되었습니다.

7

성령께 내 모든 것이 사로잡힌 그날 이후, 나는 비로소 진짜 복음을 붙들고 살게 되었습니다. 날 위해 죽으시고 부활하신 예수님의 보혈을 믿음으로 영생을 얻는 것! 그것이 복음이었습니다. 이 복음을 알게 되면서 내 안에선 천국의 소망이 활활 타올랐습니다. 하나님의 사랑 때문에 주어진 이 복음으로 인해 우리가 사는 동안 하나님 아버지의 인도하심을 받고, 죽은 뒤에는 하나님 아버지의 그 품 안으로 돌아가 형제, 자매들과 더불어 영원히 산다는 이 영생의 복음이야말로 얼마나 귀하고 값진 것인지에 대한 감격이 차올랐습니다.

그러자 이 복음을 하루라도 빨리 전해야겠다는 생각에 마음이 급해졌습니다. 그 전에도 물론 전도해야겠다는 생각을 하지 않은 건 아니었지만, 천국의 삶이 이론이 아니라 내 뼛속까지 파고드는 실제로 다가온 이상, 나는 느긋하게 앉아 있을 수가 없었습니다. 특히나 내게는 나처럼 장애 아이들을 기르며 혼자 힘겨워하고 있을 엄마들에게 이 복음을 전해야 할 사명이 있었습니다. 밤도 없고, 질병도 없고, 눈물도 없고, 풍랑이는 바다도 없어 해처럼 밝게 빛나는 천국의 삶에 대해 나는 하루라도 빨리 그들에게 알려줘야겠다고 생각했습니다.

또한 내게는 조셉과 같은 아이들을 사랑하시는 하나님 아버지의 그 마음도 세상에 전해야 할 소명이 있었습니다. 그 섬의 원주민교회에서 성령세례를 받으며 나는 하나님 아버지의 그와 같은 사랑을 알게 되었습니다.

하나님께선 내게 이렇게 말씀하시는 것 같았습니다.

'이 사랑을 알았으니 이제 너도 가서 지극히 작은 자들을 사랑하며 살아라. 그 작은 자들에게 이 복음을 전하고, 나의 사랑을 전해라. 그들에게 하는 것이 나에게 하는 것이다….'

8

하나님 안에서 온전한 치유와 소망을 발견했던 그 가족여행에서 돌아온 다음날, 연습하러 온 시온선교합창단 대원들은 내 얼굴에서 광채가 난다며 좋은 일이 있었냐고 물었습니다.

성령의 임재로 하나님의 사랑을 맛보아 아는 것, 이보다 더 좋은 일이 어디 있겠습니까. 나는 기쁨 가득한 모습으로 그 섬에서의 일을 대원들과 나누며 하나님께 영광을 돌렸습니다.

그리고 그날부터 우리에게 주신 하나님의 소망을 따라 나와 남편은 바쁘게 움직이기 시작했습니다. 그중 하나가 그해 3월부터 진행하다 멈추었던 '조스테이블'(Joe's Table) 사업을 다시 시작하는 일이었습니다.

조스테이블 사업은 장애로 인해 정상적인 직장생활이 힘든 조셉을 위해 우리가 준비했던 커피 전문점 사업이었습니다. 사람 만나는 것을 좋아하는 조셉이 무엇을 하면 가장 행복하게 일할 수 있을까 고민하다가, 한 가지 기능적인 일을 가르치면 그것에 전념하는 조셉과 같은 아이들의 특성을 살릴 수 있는 직장을 만들어주면 좋겠다는 생각에서 시작한 일이었습니다.

그런데 그해 9월, 조셉이 갑자기 세상을 떠나면서 나는 혼란에 빠졌고, 이제 모든 것이 다 끝났다고만 생각했습니다. 베데스다회 엄마들 역시 조셉이 떠나자 내가 더 이상 베데스다 아이들을 보지 못할 거라며 걱정했다고 합니다. 그 아이들만 보면 조셉이 떠오를 테니 자연스레 베데스다 아이들을 외면할 수밖에 없을 거라고 말입니다.

그러나 하나님께선 조셉이 떠난 후 '지금까지는 네게 장애 아들이 하나 있었지만 지금부터는 세상의 모든 장애 아이들을 네 아들로 생각하며 살라'는 마음을 넣어주셨습니다. 그리고 신기하게도 그때부터 나는 베데스다의 아이들을 보면 정말 내 아들처럼 느껴졌습니다. 그전까지는 조셉만 보였다면, 조셉이 떠난 뒤로는 오히려 더 많은 아이들이 보이고 더 많은 아이들을 내 아들처럼 품을 수 있게 되었습니다.

남편 역시 마찬가지였습니다. 남편은 조셉을 떠나보낸 뒤 조셉이 못 다 이루고 간 일들을 완수하려는 듯, 장애우들을 위한 일에 온 마음을 쏟았습니다. 그래서 남편과 나는 한마음이 되어 발달장애우들의 일자리 창출과 자립을 꿈꾸며 커피숍 사업을 본격적으로 준비할 수 있었습니다.

9

커피숍 이름의 첫 글자는 조셉의 'Joe'이자 동시에 'coffee'의 다른 암시적 표현인 'joe'에서 따왔습니다. 그리고 'table'의 첫 자인 't'가 십자가 모양이고 그 뒤에 이어지는 글자가 '가능하다'란 뜻의 'able'이라는 점에 착안, 조셉이 모든 능력을 주시는 십자가(t) 안에서 무엇이든 할 수 있다(able)는 의미를 담아 최종적으로 'Joe's Table'이라 지었습니다.

이 사업의 주된 목적은 장애우들의 자립을 위한 터전이 되어주는 것이었습니다. 이를 위해 고용원칙도 발달장애우들과 일반인들을 직원으로 함께 고용해서 서로서로 도우며 협력하는 방식을 택했습니다.

판매전략 또한 동정이 아닌 맛의 품질과 실력으로 승부하려 했습니다. 그렇게 되면 조스테이블의 이런 정신이 다른 직종과 사업으로 전파

조스테이블이 예수님이 명령하셨던 땅 끝까지 들어가

그 나라 장애우들의 꿈을 펼치는 일터가 되고,

방문하는 이들에게는 예수님의 사랑과 화해와 용서의 메시지를 전하는

안식처가 되기를 소망합니다.

되어 장애우들에게 더 많은 일자리가 제공되리라 기대한 것입니다. 물론 장애우와 비장애우가 동등한 조건으로 고용되는 시스템으로 운영하려면 다른 커피숍보다 더 많은 인건비가 들 수밖에 없습니다. 하지만 사회적 기업으로 움직이는 조스테이블이 장애우들과 함께 짐을 나누며 사는 건 당연한 일이었습니다.

커피숍 안의 인테리어 분위기에도 조셉의 정신을 담았습니다. 사람들만 보면 인사를 나누며 관계 맺기를 좋아했던 조셉의 마음처럼, 커피숍 안에는 여러 사람이 한꺼번에 앉을 수 있는 큰 테이블을 놓았습니다. 예수님의 성만찬도 그렇게 한 테이블 안에서 이루어졌듯이, 누구든지 그곳에 오면 커피 한 잔을 마시다가 "Hi, How are you? (My name is Joseph.) What is your name?"이라 물으며 서로 친구가 되기를 바라는 마음에서였습니다.

그렇게 기도하는 마음으로 준비한 조스테이블은 드디어 조셉의 생일인 2013년 6월 23일, 캐나다의 버나비 킹스웨이에 1호점을 열게 되었습니다. 그러자 그곳으로 참 많은 사람들이 드나들기 시작했습니다. 조스테이블의 따뜻한 분위기가 좋아서, 혹은 가장 좋은 재료를 써서 만든 빵 맛이 특별해서, 또 조스테이블만의 커피 맛을 잊을 수 없어서 찾아온다는 손님들이 끊이지 않았습니다.

10

하나님께선 그 여세를 몰아 얼마 전 한국에도 조스테이블 2호점과 3호점을 열어주셨습니다. 홍대 옆 극동방송 신사옥 안의 커피숍이 바로 그 2호점이고, 서초동 사랑의교회 안의 커피숍이 3호점입니다. 조셉을 위해 늘 기도해주시고 평소 장애우들에 대한 남다른 관심과 사랑을 가지셨던 김장환 목사님의 배려와 협력 속에 2호점이 탄생했고, 조스테이블이 북한 땅까지 확장되길 기도해주시는 오정현 목사님과 온 교우들, 특히 사랑의교회 사랑부의 애정과 관심 속에서 3호점이 탄생했습니다. 무엇보다 우리는 조스테이블 2호점과 3호점이 한국에 오픈되는 것으로 인해, 발달장애를 가진 누군가의 삶의 터전이 열렸다고 생각하니 무척이나 기뻤습니다.

특별히 우리는 그 누구보다 주님이 가장 기뻐하시길 기도하며 이 일을 진행하고 있습니다. 조스테이블이 생기는 곳곳마다 주님이 직접 찾아가셔서 열심히 일하는 하나님의 자녀들 한 사람 한 사람을 도와주시길, 또 예수님께서도 그곳에서 커피 향을 맡으시며 찾아오는 자들에게 그분의 향기를 전해주시길 기도합니다. 조셉을 향해 부모인 우리가 품었던 선교사의 꿈은 조셉의 죽음으로 못 다 이루었지만, 조스테이블로 다시 살아서 세계 곳곳에 들어가 선교사의 사명을 온전히 감당해주길 기도합니다.

그래서 우리는 조스테이블의 4호점, 5호점, 6호점을 계속해서 바라보며 꿈꾸고 있습니다. 한국과 미국, 캐나다, 중국, 나아가 동포들이 사는 북한 땅, 그리고 예수님이 명령하셨던 세계 구석구석 땅 끝까지 조스테이블이 들어가 그 나라 장애우들의 꿈을 펼치는 일터가 되고, 방문하는 이들에게는 예수님의 사랑과 화해와 용서의 메시지를 전하는 안식처가 되기를 소망합니다.

이처럼 조스테이블이 전 세계에 들어가 제 역할을 감당해줄 때, 천국에 있는 조섭도 자신과 같은 장애를 가진 친구들이 일하는 모습을 보면서 기뻐하리라 생각합니다. 조스테이블의 탄생을 위해 한 알의 밀알이 되어준 조섭도 천국에서 주님을 찬양하며 자신을 밀알로 사용해주신 주님께 모든 영광을 돌리리라 믿습니다.

그리움마저도 축복이 됩니다

"조셉, 엄마 왔어. 잘 지내고 있지?"

며칠 전, 나는 집 근처 조셉의 묘지를 찾아 또 이렇게 인사를 나누었습니다. 조셉의 살아생전, 어딘가에 다녀올 때면 나는 늘 조셉에게 제일 먼저 달려가 조셉을 껴안고 해후를 나누었기에, 지금도 어딘가에 다녀올 때면 습관처럼 조셉의 묘지로 내 발길을 옮기곤 합니다.

그러나 예전과 달리 지금은 아무리 조셉의 이름을 불러도 돌아오는 대답이 없습니다. 아들에 대한 그리움은 날이 갈수록 더해져만 가는데, 묘지로 찾아온 엄마에게 아들은 어떤 메아리도 보내주지 않습니다. 그래서 나는 그곳을 찾을 때마다 아들과 함께 불렀던 찬송을 혼자 부르곤 합니다.

"주는 나를 기르시는 목자요, 나는 주님의 귀한 어린 양."

이렇게 찬송을 시작하면, 목자이신 주님의 인도하심을 받다가 천국에

가 있을 조셉의 행복한 모습이 떠오르고, 그러면 어느덧 내 마음도 천국 소망으로 충만해져서 내가 좋아하는 찬양을 계속해서 부르게 됩니다.

잠시 세상에 내가 살면서 항상 찬송 부르다가
날이 저물어 오라 하시면 영광 중에 나아가리
열린 천국 문 내가 들어가 세상 짐을 내려놓고
빛난 면류관 받아 쓰고서 주와 함께 길이 살리
_ 새찬송가 492장

조셉은 삶과 죽음이 문턱 하나의 차이라는 것, 이 세상의 삶은 잠시이니 언제든 주님이 부르시면 천국으로 나아갈 준비를 하며 살아야 한다는 것을 내게 알려주고 갔습니다. 인생이란 다른 무엇이 아니라 천국을 예비하는 시간임을 내게 뼛속까지 알려주고 간 내 큰 아들….

그래서 나는 아들의 묘지 앞에서 우리에게 영생을 주신 주님을 목소리 높여 찬양하지 않을 수 없습니다. 그렇게 찬양하다 보면 우리를 이처럼 사랑하사 천국 선물을 주시려고 독생자 예수님을 이 땅에 보내신 하나님의 사랑이 내 가슴 깊숙이 전해져 옵니다. 이 사랑을 위해 살고, 이 사랑을 전하며 살자는 나의 다짐도 깊어집니다. 그러면 어느덧, 슬프기만 했던 나의 눈이 해바라기처럼 피어나 푸르른 하늘을 바라보게 되고, 그때마다 구름 사이로 나를 향해 빙그레 웃으며 손을 흔드는 조셉의 얼굴이 보이는 듯합니다.

친구들은 이런 나의 모습이 걱정되는지 "잘 지내고 있는 거지?"라며 조심스레 안부를 챙기곤 합니다. 그러나 그때마다 나는 웃으며 대답합니다. 날이 갈수록 조셉이 더 보고 싶은 게 사실이라고, 그러나 그러면 그

럴수록 나의 소망을 이 세상이 아니라 하늘나라에 두게 된다고, 그러니 이 그리움마저 축복이 아니겠냐고.

실제로 나는 지금 조셉으로 인해 최고의 축복을 누리며 살고 있다고 믿습니다. 조셉이 그렇게 갑작스레 떠났기에 나는 이 하루가 백만 불을 주고도 살 수 없는 귀한 시간이란 걸 알게 되었습니다. 그래서 이제는 아침에 일어날 때마다 진심으로 감사의 기도부터 드리게 됩니다.

"오늘도 내게 하루를 주신 하나님, 감사합니다. 오늘 이 하루가 이 땅에서 보내는 마지막 날이 될지도 모릅니다. 그러니 하나님, 이 하루 동안 최선을 다해 하나님께 영광 돌리고, 하나님이 기뻐하시는 딸로 살 수 있게 해주세요."

그렇게 하루를 살면서 나는 또 생각합니다.

'지상에서의 삶이 다 끝나는 날, 열린 천국 문 안으로 들어가 조셉을 다시 만날 때 예수님께서 내게 뭐라 하실까? 착하고 충성된 딸아, 수고했다 하시며 내게 빛나는 면류관을 씌워주실까? 오늘 나를 바라보시는 하나님의 마음은 어떠실까?'

그러고 보니 이제 내게는 하나님나라, 하나님 마음이 가장 중요한 화두가 되어버렸습니다. 철없고 믿음 없던 내가 어떻게 이런 생각을 하며 살게 되었을까요.

그 비밀은 바로 조셉입니다. 조셉은 내게 처음부터 끝까지 하나님의 메시지를 전해준 아이였습니다. 그리고 어쩌면 세상의 모든 엄마들이 나와 같은 고백을 할지도 모릅니다. 자식을 키우지 않았다면 몰랐을 하나님의 마음, 하나님의 메시지를 자식을 키웠기 때문에 비로소 받게 되었노라고.

그래서 나는 새벽기도회에 가다가도, 베다스다회 엄마들을 만나다가도 내 귀를 기울이며 주님께 묻습니다. 이제는 조셉뿐 아니라 세상의 많은 장애 아이들을 내 자식으로 품고 살라 하신 하나님께서 오늘 내게 주실 메시지가 무엇인지 듣고 싶어서입니다. 그리고 그 메시지를 듣다보면 내 안에선 문득문득 기쁨의 샘이 솟구치곤 합니다. 자식은 여호와의 상급이요 선물이라는데, 조셉이 떠난 그 자리에 하나님께서 이토록 많은 축복의 자녀들을 모아놓고 계심을 발견하기 때문입니다.

그래서 나는 오늘도 눈물을 닦고, 과분한 선물을 받은 사람으로서 받은 복을 헤아리며 살아가고 있습니다. 우리에게 하나님의 비밀스러운 마스터플랜을 펼쳐 보여주고 간 조셉으로 인해, 내게 또 다른 하나님의 메시지를 전해줄 세상의 많은 아픈 자식들로 인해, 나는 다시 일어나 이 축복의 삶을 살아가고 있습니다. 이 아이들을 이처럼 사랑하사 독생자 예수님을 주신 하나님의 은총을 노래하면서, 이 아이들에게 목자가 되어 주실 예수님의 사랑을 찬양하면서….

너는 하나님의 메시지란다

초판 1쇄 발행	2014년 6월 23일
지은이	정성자

펴낸이   여진구
책임편집   1팀 | 이영주, 김수미
편집   2팀 | 최지설, 김나연   3팀 | 안수경, 유혜림   4팀 | 김아진, 김소연
책임디자인 이혜영, 전보영 | 마영애

기획 · 홍보	이한민	해외저작권	김나은
마케팅	김상순, 강성민, 허병용, 이기쁨	마케팅지원	최태형, 최영배, 이명희
제작	조영석, 정도봉	경영지원	김혜경, 김경희

| 이슬비전도학교 | 최경식, 전우순 | 303비전성경암송학교 | 박정숙, 정나영, 정은혜 |
| 303비전장학회 & 303비전꿈나무장학회 | 여운학 | | |

펴낸곳   규장

주소 137-893 서울시 서초구 매헌로 16길 20(양재2동) 규장선교센터
전화 02)578-0003   팩스 02)578-7332
이메일 kyujang@kyujang.com   홈페이지 www.kyujang.com
트위터 twitter.com/_kyujang   페이스북 facebook.com/kyujangbook
등록일 1978.8.14. 제1-22

ⓒ 저자와의 협약 아래 인지는 생략되었습니다.
이 출판물은 저작권법에 의해 보호를 받는 저작물이므로 무단 전재와 무단 복제를 할 수 없습니다.

책값   뒤표지에 있습니다.
ISBN 978-89-6097-358-9 03230

규 | 장 | 수 | 칙

1. 기도로 기획하고 기도로 제작한다.
2. 오직 그리스도의 성품을 사모하는 독자가 원하고 필요로 하는 책만을 출판한다.
3. 한 활자 한 문장에 온 정성을 쏟는다.
4. 성실과 정확을 생명으로 삼고 일한다.
5. 긍정적이며 적극적인 신앙과 신행일치에의 안내자의 사명을 다한다.
6. 충고와 조언을 항상 감사로 경청한다.
7. 지상목표는 문서선교에 있다.